Den Wind im Haar, das Meer im Blick

MANUELA WARDA

Den Wind im Haar, das Meer im Blick

Mein turbulenter Neuanfang auf Hallig Hooge

Eden BOOKS

Inhaltsverzeichnis

Für Begebenheiten in meinem Leben ist es von besonderer Bedeutung, wann sie meinen Weg kreuzen. Es ist wie mit der bläulich angelaufenen Eisenkugel in einem alten Flipper. Die Kugel tritt aufs Tableau, und je nachdem, wo sie anschlägt, gibt es Bonuspunkte oder Verluste, nimmt sie Fahrt auf oder wird gänzlich gehalten, ändert die Richtung oder bleibt unbeeindruckt. Dabei ist die Kugel immer dieselbe.

Egal welches Ereignis mir begegnet, welche Kugel mir zugespielt wird, es zählt der Augenblick, in dem es in mein Leben tritt.

Aufbruchsstimmung

Es war ganz ruhig im Gebäude. Meine Hände strichen liebevoll über die kleinen, unförmigen, bunten Hartplastikknubbel, die mit starker Verschraubung an der Wand im Flur angebracht waren und zum Klettern einluden. Wie viele kleine Hände hatten sich hier schon festgehalten. Ich warf einen letzten Blick in das vertraute Klassenzimmer, das mir vorwurfsvoll entgegenstarrte – leer und verlassen. Auf einem der Tische lag verloren ein gelber Bleistift mit stumpfer Mine. Der hintere Teil des Stiftes war übersät mit Bissspuren als Folge starken Nachdenkens. Einst glitt er, geführt von leicht verkrampfter Hand, über das Papier, vollführte Schwungübungen und erste Schreibversuche.

»Das macht voll Spaß«, hatte der kleine Blondschopf gesagt und mich auf dem Weg in den Flur angestrahlt. Er hatte eine Seite im Schreibheft bewältigt. Seine Zungenspitze hatte all die Bewegungen unterstützt. Nun durfte er auf den Bewegungsparcours. Flink kletterte er die Wand entlang, sprang über die Bank, rollte im Purzelbaum über die Matte, hinkte durch die Ringe und vollführte noch fünf Hampelmänner. Mit leuchtenden Wangen und ein wenig aus der Puste kam er wieder in den Klassenraum, trank einen Schluck Wasser und machte sich an die Arbeit, um die nächste Schreibarbeit zu bewältigen. Es war ein dynamisches und zugleich konzentriertes Lernen gewesen. Ich steckte den Bleistift in die Tasche und schloss die Tür.

Ein letztes Mal trat ich auf den hinteren Schulhof – Pausenaufsicht ohne Kinder.

Die zahlreichen Spielgeräte standen verwaist zwischen Bäumen und Grünflächen. Die aufgemalten Hüpfkästchen auf der

Pflasterung waren bereits verblasst. Bald würden die Baufahrzeuge anrücken, um die kleine Grundschule in eine große Kindertagesstätte umzufunktionieren. Lange hatten wir um den Erhalt dieser kleinen Schule gerungen und gekämpft. Mit Vorständen, Ratsherren und Bauausschüssen diskutiert. Doch die Kapazitäten einer kleinen Gemeinde waren begrenzt, der Luxus von mehreren Grundschulen nicht haltbar. »Solang Ihre finanziellen Argumente gegen unsere pädagogischen stehen, haben wir keine Diskussionsgrundlage. Wir wissen alle, wer dann verliert.« Mein Herz hatte wie wild geklopft, als mein Satz in der großen Versammlung zu Protokoll genommen wurde.

Wir hatten bis zum Schluss die Stellung gehalten, die letzte verbliebene Klasse, 15 Schülerinnen und Schüler, und ich. Meine Stimme hallte durch die leere Pausenhalle, als ich leise ein Abschiedslied summte. Oft hatten wir es schon zur Verabschiedung der vierten Klassen gesungen. Oft tränenreich und emotional, doch immer auch mit Zuversicht, denn meine Kinder, die ich vier Jahre begleiten durfte, betraten einen neuen Weg in ihre Zukunft.

Alte Schule, altes Haus, du siehst heute anders aus, und ich geh zum letzten Mal durch diese Tür. Neue Schule, neues Glück, und es führt kein Weg zurück. Alte Schule, altes Haus, wir danken dir …

Noch nie zuvor hatte dieses Lied eine solche Schwere und Tragweite gehabt.

Ich setzte mich in mein Auto und drehte das Radio auf, um den Ohrwurm loszuwerden, und während der starke Rhythmus von The Prodigy den kleinen Raum und meinen Kopf erfüllte, atmete ich tief durch. Das letzte Mal war ich durch diese Tür gegangen. Ich verließ nicht nur einen Dienstort, sondern auch einen Ort der Vertrautheit. Es war ein Rettungsanker gewesen nach der Trennung von meinem Mann. Als mein Leben ein Scherbenhaufen war, als ich plötzlich alleinerziehend war, die jüngste Tochter gerade ein Jahr alt, die beiden älteren kurz davor, Teenager zu werden, als ich das große Haus und den verwilderten Garten allein zu pflegen hatte, als ich Vollzeit arbeiten musste, damit ich das alles stemmen konnte, als ich nicht wusste, ob meine Kraft reichen würde, da wurde ich an diese kleine, ländliche Grundschule versetzt. Der Unterricht beschränkte sich auf den Vormittag, die Vor- und Nachbereitung auf die Abend- und Nachtstunden, am Nachmittag konnte ich für meine Töchter da sein. Immer auf Vollzeit, immer hundert Prozent und niemals jammern.

»Du wolltest doch die Trennung. Du hast das so gewollt!«, war eine der verbalen Ohrfeigen dieser Zeit.

Diese Schule war mein Hafen, meine Werft. Das Mutterschiff wurde restauriert. Eltern wurden zu Freunden, Kolleginnen zu Vertrauten und Kinder zu Weggefährten.

Inzwischen war ich 43 Jahre alt, meine jüngste Tochter Ella ging in die zweite Klasse, während ihre älteste Schwester gerade das Abitur bestanden hatte und zum Studieren ins Ausland ging. Meine mittlere Tochter steckte mitten im Abiturstress, und es war noch nicht klar, wohin ihre Reise gehen würde. Wie bei mir.

Was nun? Wie würde mein Weg aussehen? Ich musste die Segel setzen und einen neuen Kurs einschlagen. Es gab bereits einen Plan. Ich würde an einer Gesamtschule ganz in der Nähe arbeiten können. Ich hätte weiterhin einen kurzen Anfahrtsweg, mit einigen Kollegen war ich bereits bekannt, ich kannte die Schulform und hatte Erfahrungen als Gesamtschullehrerin. Es war ganz einfach, im Grunde genommen. Unspektakulär nahezu. Die eine Tür schließen, ein kleines Stück weiterziehen, eintreten und weitermachen, als sei nichts gewesen. Doch es sollte ganz anders kommen.

Die Kugel rollte.

Hätte ich den Hilferuf auf der Social-Media-Seite zehn Jahre zuvor gesehen, hätte ich ihn einfach überlesen, wäre ich zehn Jahre später darüber gestolpert, wäre die Wahl vermutlich auch keine Option gewesen. Doch es waren dieser bestimmte Augenblick, die Lebensumstände und meine emotionale Befindlichkeit, die dazu führten, dass ich näher hinschaute. Und so begann das Halligabenteuer ...

»Wenn Sie Lust auf eine Herausforderung haben und mit beiden Beinen im Leben stehen, dann melden Sie sich umgehend.«

Sollte ich dieses Abenteuer wagen? Mein Leben komplett drehen? Auf einer Hallig leben? Überhaupt – was war das eigentlich? Ich erinnerte mich an das Bremerhavener Klimahaus, das ich sowohl mit Schulklassen als auch mit meinen eigenen Kindern mehrfach besucht hatte. Dort hatte ich auf einer nachgebildeten Hallig gestanden. Eine kleine, mit Kunstrasen überzogene Erhebung umgeben von stehendem Gewässer. Das war also eine Hallig, eine Miniinsel irgendwo im Wattenmeer.

Dass es sich bei Halligen keineswegs um Inseln handelte, sollte ich noch lernen. Wer nämlich Insel zur Hallig sagte, musste einen ausgeben. Sicherlich lagen Halligen ebenso wie Inseln mitten im Meer, doch sie waren mehr als das. Sie waren Teil des Meeres. In den Herbst- und Wintermonaten, wenn es kräftig stürmte, beim sogenannten Landunter, stieg das Wasser und überflutete das Land in schöner Regelmäßigkeit. Mit jedem Landunter spülte die See Schlick und Sedimente über das Land und ließ es wachsen. Die Menschen, die dort lebten, hatten sich Warften gebaut, Hügel, auf denen ihre Häuser standen. Sie waren das Einzige, was bei einem Landunter aus der wilden See ragte. Kleine Archen mitten im Meer.

Zehn solcher Halligen gab es im nordfriesischen Wattenmeer, und sie waren einzigartig auf der Welt. Auch in den Sommermonaten gab es eine Art Landunter, wenn Zehntausende begeisterte Besucherinnen und Besucher die Halligen überfluteten, meist nur als Tagestouristen.

Einige Halligen waren bewohnt, einige nicht. Ihre Bewohner trotzten den Stürmen und waren sich ihres besonderen Lebensraumes mitten im UNESCO-Weltnaturerbe Wattenmeer bewusst. Sie hatten sich ihr Leben dort eingerichtet und sich mit Wind, Wellen, Watt und Wetter arrangiert. Und natürlich gab es auch Halligkinder im schulpflichtigen Alter, sodass es winzig kleine Halligschulen gab. Halligschulen, die Lehrkräfte brauchten.

Was für ein Gedanke. Ich dachte an den Kunstrasen unter meinen Füßen im Klimahaus. Was wäre, wenn? Dort leben? Nicht einfach nur am Meer, sondern mitten im Meer? Als Halliglehrerin?

Die Kugel hatte angeschlagen.

Wege entstehen beim Gehen

»Fährst du mit mir zur Hallig?«, fragte ich meine Freundin Lene.

»Ja klar! Ist das ein Festival?«

»So was Ähnliches«, lachte ich und erzählte ihr von der Stellenausschreibung.

Als wir dann in Nordstrand auf dem Deich standen, war jegliche Begeisterung für diesen Trip bei meiner Freundin verflogen.

»Ich hab ganz furchtbar geträumt, Ela. Du darfst da nicht hingehen! Da waren Zombies, die haben dich gebissen. Du wurdest auch ein Zombie. Das war voll schrecklich!«

Wir blickten nach Lüttmoor, wie Nordstrandischmoor auch genannt wird. Um uns herum blökten Schafe. Es sah eigentlich alles recht friedlich aus. Schrittchen für Schrittchen folgte ich den Schienen der Lorenbahn, die das Eiland über den Damm mit dem Festland verbinden. Dort in der Ferne war ein Rückzugsort, fernab vom Trubel, vom Termindruck, von Stress und Hektik, von Diskussionen und Machtkämpfen. Schwer erreichbar für neugierige und fordernde Menschen. Ohne Schiff oder Lore schien mir diese Distanz unüberwindbar. Dort wollte ich hin. Auch auf die Gefahr hin, dass ich mich verwandeln würde, fasste ich den Entschluss, dieses Abenteuer anzugehen. Mit dieser Entscheidung war der erste Schritt getan, doch bis sie in die Tat umgesetzt wurde, mussten noch zahlreiche weitere Schritte gegangen und viele Türen geöffnet werden.

»Das gibt's doch nicht«, murmelte ich vor mich hin. Ich saß im Lehrerzimmer der Schule, die mir und meinen Kindern für das letzte Schuljahr Asyl bot. Es war niemand sonst im Raum, und so weckte meine Entrüstung auch kein Aufsehen. Bei Recherchen im Internet fand ich die Information, dass es für die Position der Halliglehrerin überhaupt keine offizielle Stellenausschreibung gab. Ich erfuhr, dass die Anzeige, die ich entdeckt hatte, lediglich ein Hilferuf besorgter Eltern war, die sich über die sozialen Netzwerke eine rasche Lösung erhofften. Die einzige Lehrkraft vor Ort war erkrankt, und der Platz sollte so schnell wie möglich wieder besetzt werden. Wenn das so einfach wäre. In der personalen Schullandschaft unseres Landes gab es Planstellen, unbefristete und befristete Stellen, Feuerwehrlehrkräfte, Springer, Abordnungen und jede Menge Bürokratie. Erkrankte eine Lehrkraft, bedeutete das nicht zwangsläufig, dass diese Stelle frei war. Sie musste zunächst unter bestimmten Voraussetzungen vertreten werden. Ich kannte das System, aber war froh, nicht in einer Position zu sein, die in solchen Belangen Entscheidungen treffen musste. Da hätte ich wahrscheinlich weitaus mehr unruhige Nächte gehabt.

Das Für und Wider hin und her gewälzt, die Konsequenzen abgewogen. Alles gestützt auf eine Fehlinformation. Die Tür, die sich hier in ein gänzlich anderes Leben geöffnet hatte, fiel einfach wieder zu.

»Na toll«, seufzte ich und stand auf. Ich nahm den Stapel Mathearbeiten, die ich meinen Kindern zurückgeben wollte. »Dann eben nicht. Es wird sich eine andere Tür öffnen.«

Doch dass diese Tür nicht wirklich geschlossen war, zeigte sich nur wenige Tage später. Als sich der Tag zur Ruhe legte, stöberte ich vor dem Einschlafen noch einmal durch die

Internetseiten, die mich in den vergangenen Tagen so sehr in ihren Bann gezogen hatten. Darunter die Seite des Bildungsministeriums Schleswig-Holsteins mit den aktuellen Stellenausschreibungen – und dort stand es, ganz offiziell und klar bezeichnet. Das Land brauchte eine Halliglehrerin. Alles wieder auf Anfang.

Als ich am darauffolgenden Tag die Nummer des Schulamtes in Schleswig-Holstein wählte, zitterte meine Hand. Ich wollte es hören, wollte sichergehen, dass sich meine Pläne nicht auf irgendwelche Fake News stützten.

»Ist dies tatsächlich eine richtige Stellenausschreibung, auf die ich mich bewerben kann?«

»In der Tat, ja. Schicken Sie Ihre Bewerbungsunterlagen online, und wenn Sie aus einem anderen Bundesland kommen, benötigen Sie außerdem die Freistellung.«

»Das wird gar nicht so einfach«, meinte eine Kollegin, der ich meine Pläne anvertraut hatte. Sie nahm einen Schluck aus ihrem Kaffeebecher und schüttelte den Kopf. »Bei dem Lehrermangel zurzeit. Überall fehlt es an Kollegen und Kolleginnen. Es gibt nicht genug Anwärter. Gerade an den Grundschulen. Ich glaub nicht, dass Niedersachsen dich dann gehen lässt.«

Ich schwieg und nippte an meinem Tee. In Gedanken formulierte ich aber bereits meine Sätze aus, mit denen ich die Dezernentin überzeugen wollte.

»Aufgrund der Schulschließung wurde mir mein Dienstort genommen, an dem ich weiß Gott sehr gern gearbeitet habe. Ein Wechsel steht mir so oder so bevor. Ich hinterlasse keine Lücke, wenn ich gehe. Diese Stelle auf der Hallig ist eine ganz besondere Gelegenheit, eine Chance auf eine ganz außergewöhnliche Arbeit. So möchte ich gern an dieser Stelle über meinen beruflichen Werdegang mitbestimmen dürfen und bitte inständig um die Freistellung, damit ich mich bewerben kann.«

Ich weiß nicht, ob meine Worte ausgereicht hatten oder ob mich die frisch im Amt sitzende Dezernentin einfach glücklich machen wollte, jedenfalls erhielt ich zwei Tage später die Freistellung und bewarb mich in Schleswig-Holstein.

Nun stand ich vor der nächsten und alles entscheidenden Tür – Ella. Während meine zwei älteren Töchter bereits ausgezogen waren, wohnte die Achtjährige bei mir. Wo ich hinging, ging auch sie hin. Doch ich wollte nicht über ihren Weg entscheiden und sie mit mir zerren, sondern gemeinsam Schritt für Schritt ins Abenteuer gehen.

Es war ein ruhiger Nachmittag. Die Hausaufgaben waren erledigt, und ich lümmelte mit Ella auf dem Sofa herum. Die Sonne schien und schickte ihre Strahlen durch die kleinen Butzen unserer Holzfenster, die das Wohnzimmer in ein wohliges Leuchten tauchten.

»Duuuu, Ella, ich habe die Möglichkeit, einen Job an einer ganz anderen Schule an einem sehr speziellen Ort zu bekommen.«

Auf meinem Handydisplay fuhr Hallig-Postschiffer-Legende Fiede Nissen mit der Lore nach Langeneß, Ringelgänse weideten auf den grünen Flächen, und das Meer spülte ans Land. Ella warf einen kurzen Blick darauf. Sie schaute mich an. Ich sah keine Angst in ihren Augen, aber auch kein Interesse. Sie sah mich einfach nur ruhig an, und ich glaube, dass sie in meinen Augen viel mehr wahrnahm, als es für ein achtjähriges Mädchen üblich ist.

Schließlich zuckte sie mit den Achseln und meinte: »Wenn du da gern hinmöchtest, komme ich natürlich mit. Aber meine Kuscheldecke kommt auch mit.«

Damit war für sie die Entscheidung gefällt, die nächste Tür geöffnet.

»Glaubst du wirklich, dass sie in ihrem Alter überhaupt überblicken kann, was das bedeutet?« Ihre große Schwester sprach aus, was auch mir durch den Kopf ging. Würde ich Ella aus ihrem sicheren Leben reißen? Sie war in keinem Verein, ihre engste Freundin war vor Jahren nach Berlin gezogen, eine weitere zog in diesen Tagen nach Süddeutschland. Die Schule langweilte sie, die vielen Kinder und die Lautstärke nervten. Was nahm ich ihr weg?

»Na, dann wird das aber schwierig mit jedem zweiten Wochenende. Das ist ja viel zu weit«, sagte ihr Vater. Wir gingen seit Jahren getrennte Wege.

Vielleicht würde uns der Abstand guttun, vielleicht auch nicht. Ob er für unsere Tochter gut war, konnte ich noch nicht sagen.

»Was wird aus dem Haus? Wer kümmert sich drum?«, fragte er.

»Ein guter Freund wohnt hier, solang wir weg sind, und kümmert sich um alles.«

»Wie lange bleibt ihr da?«

Ich wusste nicht, was ich darauf sagen sollte. Mehrfach hatte das Leben mich gelehrt, dass Pläne durchkreuzt werden und es meist anders kam, als man dachte. Wie lange sollte unser Abenteuer dauern? Was, wenn es nicht klappen sollte? Wenn Ella krank vor Heimweh würde? Wenn ich die Aufgaben nicht würde bewältigen können? Plötzlich alle Altersklassen gleichzeitig in allen Fächern zu unterrichten – wie sollte ich das allein schaffen? Wann würde ich Ella als einzige Lehrerin nicht mehr genügen? Und was wäre, wenn es perfekt würde?

»Erst mal ein oder zwei Jahre, würde ich sagen. Dann schauen wir mal, wie es mit Ella und der Schule geht. Vielleicht auch länger, vielleicht auch gar nicht. Das Bewerbungsgespräch steht ja noch aus.«

Die nächste Tür, die ich zu durchschreiten hatte, war die des Schulamtes in Husum, wo man mich zum Bewerbungsgespräch erwartete.

Lene und ich glitten über die Autobahn. Ich achtete peinlich genau darauf, ausreichend Abstand zu den Fahrzeugen vor mir zu halten. Lene hasste schnelle Fahrten auf der Autobahn. Im Normalfall bremste sie vehement im Beifahrerfußraum mit und klammerte sich am Haltegriff fest. Doch aufgrund meiner umsichtigen Fahrweise war sie diesmal sehr entspannt. Vermutlich auch, weil ihre Gedanken ganz woanders waren. Die Zombies geisterten noch in ihrem Kopf herum. Morgen würde mein Bewerbungsgespräch stattfinden. Bis dahin genossen wir unseren Wochenendtrip, richteten uns in der Pension ein, fuhren spazieren, tranken Roséwein und lachten über das Leben.

Am nächsten Tag regnete es. Mit schnellen Schritten hastete ich zum Schulamt, während Lene im Auto auf mich wartete. Offensichtlich war ich nicht die einzige Bewerberin, denn vor mir verließ eine junge Frau das Büro, das ich nun betrat. Es war ein angenehmes Gespräch, positiv, gut strukturiert und interessant. Ich ging mit einem guten Gefühl. Eine Frage nahm ich mit ins Auto zu Lene. Die Scheiben waren beschlagen.

»Was würden Sie als Ihre Schwäche bezeichnen?«

Diese Frage fand ich schwierig. Nicht weil ich meine Schwächen nicht zugeben wollte, sondern weil es mir schwerfiel, diejenige zu formulieren, die mir das Leben beschwerlich machte. Meine Schwächen gehörten zu mir, ich hatte mich mit ihnen arrangiert und empfand sie nicht mehr als solche, eher als Entwicklungschancen. Also hatte ich dort im Büro ein wenig hin- und hergeschwankt, meinte, ich würde manchmal vielleicht ein wenig zu viel machen. Es war Lene, die mir die einzig richtige Antwort gab.

»Du kannst schlecht Hilfe annehmen. Bist manchmal einfach zu stolz.«

So einfach war das. Wie sehr diese Schwäche auf der Hallig zum Tragen kommen würde, ahnte ich noch nicht.

Bereits am darauffolgenden Tag erhielt ich den Anruf, dass man mich gern als Halliglehrerin einstellen wolle und ob ich mir vorstellen könne, meinen Dienst nicht auf Nordstrandischmoor, sondern auf Hallig Hooge anzutreten. Ganz bewusst hatte ich mich für Nordstrandischmoor entschieden, war verzaubert von diesem winzigen Eiland, drei bewohnte Warften, ein Lorendamm, sonst nichts. Hallig Hooge, war das nicht Tourismus pur? Waren da nicht hundert Menschen, mehrere Autos, viele Häuser? Aber vielleicht wäre es sogar eine bessere Wahl für uns. Mehr Kinder, Einkaufsmöglichkeiten, etwas mehr von allem. Die Umstellung wäre nicht so extrem für Ella und mich. Ich bat um einen Tag Bedenkzeit.

Bis spät in die Nacht hinein versank ich in Bildern und Berichten über Hallig Hooge. Im Netz fand ich jede Menge Artikel, Webseiten und Fernsehberichte. Ich erfuhr, dass Hooge deutlich größer war als Nordstrandischmoor. Sie war die zweitgrößte Hallig mit einer Fläche von 5,78 Quadratkilometern und rund hundert Einwohnern. Wollte man einmal um die Hallig laufen, maß die Strecke etwa elf Kilometer. Auf Nordstrandischmoor hingegen wohnten nur 18 Menschen auf circa 1,9 Quadratkilometern. Unwillkürlich erschien der Kunstrasenhügel aus dem Bremerhavener Klimahaus vor meinen Augen. Natürlich fand ich Hooge in dieser Hinsicht deutlich attraktiver, doch eines ließ mich zurückschrecken – die Lage. Während Lüttmoor über einen Lorendamm erreichbar war und die Schulwarft sogar über eine eigene Lore verfügte, konnte Hooge ausschließlich mit dem Schiff angefahren werden. Dort würde ich vom Fahrplan der Fähre vollkommen abhängig sein. Was bedeutete das? Welchen Einfluss würde das auf unser alltägliches Leben haben? Ein Fernsehbericht zeigte eine Autoschlange am Hooger Fähranleger. Es war Donnerstag, im Winter der einzige Tag in der Woche, an dem man die Hallig morgens verlassen und am Abend wieder zurückkehren konnte. Die Menschen, die dort warteten, lachten in die Kamera.

»Stau auf Hooge«, witzelten sie. Ihre Ziele: Ärzte, Einkaufsmärkte, Baumärkte, Verwandte, Freunde. Am Abend würden sie mit gefüllten Kofferräumen wiederkehren. Ein Mann von vielleicht fünfzig Jahren grinste in die Kamera. Er zuckte mit den Schultern und strich sich über den Bart. »Tja, donnerstags fahren wir rüber. Das war immer schon so. Wir fahren sogar im Sommer meist nur am Donnerstag, obwohl wir da täglich könnten. Hat sich irgendwie so eingebürgert. Nu geiht dat los.« Er winkte und setzte sein Auto in Bewegung Richtung Fähre.

Irgendwann fielen mir schließlich doch die Augen zu. Die Gesichter und der Ort waren mir mittlerweile so vertraut, dass ich das Gefühl hatte, dort unbedingt mal wieder auf ein Tässchen Tee, auf einen Schnack hinzumüssen.

Und so öffnete ich die entscheidende Tür, entschied mich für Hooge, wagte die entscheidenden Schritte und machte mich auf den Weg.

Wir würden nach Hallig Hooge auswandern.

Ankunft auf Hooge

Der Muskel an meinem Unterkiefer zuckte. Das tat er immer, wenn ich nervös war. Im Auto roch es nach scharfen Chips, fruchtigen Kaubonbons und Kaninchen. Die beiden Teddyzwergkaninchen hockten in ihrer Transportbox auf dem Rücksitz und harrten geduldig der Dinge, die da kommen sollten. Neben mir auf dem Beifahrersitz redete Ella gerade von Figuren einer Netflixserie. Was bei mir das Muskelzucken war, äußerte sich bei ihr in einem kaum endenden Redefluss. Hin und wieder nickte ich oder gab einen bestätigenden Laut von mir, während ich auf die vor uns im Hafen liegende Fähre starrte. Eine Stahlkonstruktion, die auf dem Wasser schwamm.

»Wann bin ich eigentlich das letzte Mal mit meinem Auto auf eine Fähre gefahren?«, schoss es mir durch den Kopf. »Was, wenn ich nicht den richtigen Abstand halte oder den Wagen abwürge oder irgendwo anschlage oder mich einfach total dämlich anstelle?« Ich wusste nicht, wann ich drauffahren sollte. Schon längst hatten alle Fahrzeuge und Passagiere, die heute Vormittag die Hallig hinter sich ließen, das Schiff verlassen. Meine Knöchel waren schon weiß, da ich seit geraumer Zeit das Lenkrad umklammerte und meinen Blick starr auf den Mann am Anleger hielt, der zur Besatzung der Fähre gehörte. Die Haut wettergegerbt, die Haare zerzaust, genoss er mit eingezogenem Kopf eine Zigarette im Wind. Plötzlich hob er die Hand und winkte mir zu. Auf dieses Zeichen hin startete ich den Motor und setzte mich in Bewegung. »Jetzt geht's rüber.«

Ich lächelte Ella an. Für einen kurzen Moment hielt sie inne und schaute aufs Meer. Ein Lächeln huschte über ihr Gesicht, doch in den Augen schimmerte ein wenig Angst.

»Sehr verehrte Fahrgäste, herzlich willkommen auf der Hilligenlei zur Überfahrt nach Hallig Hooge und Weiterfahrt nach Langeneß …«, schallte es aus dem Lautsprecher. Nachdem ich den Wagen ordnungsgemäß und ohne größeres Chaos anzurichten abgestellt hatte, verließen wir das Auto und stellten uns ganz nach vorn. Hier verlor sich die Hitze des Julitages im Wind, der uns vom Meer her streichelte. Tausende Lichtpunkte tanzten auf den Wellen. Möwen kreisten über unseren Köpfen. Und dann ging es los. Gut eine Stunde Überfahrt stand uns bevor. Das Schiff glitt an Bäumchen und auf dem Kopf stehenden Reisigbesen vorbei, die aus dem Wasser ragten und uns den Weg wiesen. In meinem Kopf rauschte es. Das Stampfen des Schiffsmotors, das Schreien der Möwen, das Wehen des Windes, der in meinen Ohrmuscheln tanzte. Und hier spürte ich das erste Mal dieses erhabene Gefühl. Erhobenen Hauptes stand ich dort im Wind, mit stolzem Blick, standfest und voller Tatendrang. Wir fuhren in das Land der Wikinger, mitten im Meer. Was würde uns dort wohl alles erwarten?

»Die stehen bestimmt am Hafen und begrüßen dich mit Pauken und Trompeten«, hatte Lene gesagt, als wir mit einem lachenden und einem weinenden Auge unseren Abschied gefeiert und auf unsere Freundschaft, das Abenteuer und unser Wiedersehen angestoßen hatten. Wer weiß? Vielleicht stünde dort am Hafen eine Blaskapelle und spielte Seemannslieder oder irgendetwas Kirchliches. Menschen würden Fähnchen schwingen und uns jubelnd zuwinken. »Hoch!«, würden sie rufen. »Unsere neue Halliglehrerin ist da!«

In den vergangenen zwei Jahren hatte es in der Halligschule personelle Engpässe mit viel Vertretungsunterricht gegeben. Die Eltern und ihre Kinder waren durch eine harte Zeit gegangen. Das sollte sich nun also ändern. Schmunzelnd ging ich zurück zum Auto. Vielleicht sollte man sich mal nicht zu wichtig nehmen.

Wir näherten uns dem Fähranleger. Parken mit dem Auto war ja schon eine Kunst für sich, aber eine voll beladene Fähre im Wellengang gegen die Strömung zwischen riesigen Pollern zu manövrieren, dafür verdiente der Fährenkapitän meine absolute Hochachtung. Über uns ragte das eiserne, gelbe Tor mit der Aufschrift »Willkommen auf Hallig Hooge« in den Himmel. Etwas misstrauisch fuhr ich über die knallblaue Rampe, und wir rollten das erste Mal auf die Hallig. Eine Blaskapelle war nicht in Sicht, ebenso wenig ein Empfangskomitee. Die Halligbewohner hätten für solche Dinge auch kaum Zeit gehabt, denn hier am Anleger ging es zu wie am Lehrter Hauptbahnhof zur Rushhour. Touristenmassen strömten von der Fähre, Kutschen standen bereit, um die Tagesgäste zu den Hauptattraktionen zu fahren, unzählige Fahrräder funkelten in der Sonne, bereit, ausgeliehen zu werden, Kinder rannten umher, die Fähren kamen und gingen, brachten Menschen und nahmen sie wieder mit im Rhythmus des Wellenschlages. Es war Hauptsaison auf Hallig Hooge, das bedeutete bis zu 90.000 Tagesgäste im Jahr.

Vorsichtig bahnte ich mir den Weg durch den Trubel und folgte der Straße, immer darauf gefasst, dass ein Fußgänger oder ein Fahrradfahrer auf meiner Motorhaube Platz nahm. Als die erste Abzweigung kam, bog ich nach rechts ab, und langsam wurde der Weg freier.

Kontemplation war ein Begriff, dem ich in meiner Schulzeit im Religionsunterricht begegnet war, dessen Bedeutung ich aber nie ganz begriffen hatte. Eben dieses Wort erfüllte mich, als ich die schmale Straße entlangrollte. Rechts grüne Wiesen, die sogenannten Fennen, auf denen Kühe gemütlich grasten, links ein Priel, der sich durch das Land zog und so blau erstrahlte wie ein königliches Banner, und direkt vor uns die Kirchwarft, auf die wir zusteuerten. Während ich behutsam den Wagen lenkte, versank ich zugleich in einer tiefen Betrachtung dieses wunderschönen Stückchens Erde. Wäre ich eine Malerin, ich hätte hier mein Motiv gefunden.

Als wir an der Schleuse auf die enge Brücke zuhielten, rief Ella: »Das passt doch nie!«

»Die Halligbewohner fahren da sogar mit ihrem Trecker rüber«, erwiderte ich zuversichtlich. Nun war es aber eine Sache zu wissen, dass es passte, aber eine ganz andere, das Auto auch sicher drüberzulenken. Das Muskelspiel meines Kiefers hatte wieder gut zu tun.

Schließlich erreichten wir unsere Warft, die Schulwarft, auf der sich neben dem Schulgebäude noch fünf weitere Häuser befanden. Ich stellte den Wagen unten am Straßenrand ab. Zuallererst mussten die armen Kaninchen aus dem heißen Auto raus. Ella und ich griffen uns die Transportbox und die Gitterelemente für den kleinen Auslauf und stiegen rasch den Weg zur Warft hinauf. Auf einem imposanten Holzschild stand in geschwungenen Buchstaben »Ockelützwarft«. Dahinter befanden sich einige ziemlich neu aussehende Spielgeräte der Schule. Gräser und kleine Blumen hatten sich ihren Weg durch die Fugen des gepflasterten Weges gebahnt. Unter ein paar Holunderbäumchen vor dem Haus, die von den Herbststürmen arg zerzaust waren, bauten wir den Auslauf auf und ließen die beiden Tiere im Schatten umhertollen und auslüften. Sie hatten die Anreise offenbar unbeschadet überstanden und hoppelten recht unternehmungslustig durch das saftige, grüne Gras.

Und da standen wir vor der zweiflügligen Schultür. Die Farbe auf dem wettergegerbten Holz blätterte an einigen Stellen ab. Vor den großen Fenstern des Klassenraums ragten Stockrosen in voller Blütenpracht empor. Was für ein Ausblick! Konnte es einen schöneren Arbeitsplatz geben? Es war ein sehr großes und solides Haus aus roten Klinkersteinen, das nicht nur den Klassenraum beherbergte, sondern auch den Kindergarten, einen Bewegungsraum, eine Einliegerwohnung und nicht zuletzt unsere Dienstwohnung. Auf dem Dach zählte ich nicht weniger als sieben Blitzableiter. Besonders schön waren die zwei Dachgauben, die gen Süden blickten. Hinter der einen verbarg sich mein Büro.

Es war das zweite Mal, dass wir das Gebäude durch diese Tür betraten. Vor wenigen Wochen an einem windigen, verregneten Tag hatte uns die Bürgermeisterin die Wohnung gezeigt. Alles musste damals sehr schnell gehen, der Aufenthalt war äußerst kurz, da die Fährzeiten aufgrund der Wetterlage verlegt wurden. Ein Umstand, der uns zukünftig noch häufiger beschäftigen sollte. Bei dem Besichtigungstermin bedauerte die Bürgermeisterin das unschöne Wetter.

»Schönes Wetter kann doch jeder«, tat ich es lachend ab. Mir gefiel das Graue und Raue, nichts wurde beschönigt, alles war echt. Bei unserer Wohnungsbesichtigung betrat ich zum ersten Mal in meinem Leben eine Hallig, abgesehen von dem kleinen Kunstrasenhügel im Bremerhavener Klimahaus. Ich betrat also zum ersten Mal eine *echte* Hallig – und war tief berührt. Als hätte ich soeben meinen Anker ausgeworfen, und er hatte Halt gefunden. Wir waren wirklich hier. Gekommen, um zu bleiben – jedenfalls fürs Erste.

Im Schulflur roch es ein wenig nach Abfluss und Staub. Es war niemand in Sicht, der uns in die Wohnung lassen würde. Da ich vom ersten Besuch wusste, an welcher Stelle ich im Schlüsselkasten den Haustürschlüssel fände, nahm ich die Schlüsselübergabe selbst in die Hand. Dabei war dieser Schlüssel völlig überbewertet, denn die Türen auf Hooge waren offen und sollten es auch bleiben. Etwas zögernd und zugleich neugierig betraten wir die Wohnung. Im Wohnzimmer stand die Luft, auf dem Fußboden lagen tote Fliegen, und der Staub tanzte in den Strahlen der einfallenden Sonne.

»Das ist eklig«, rümpfte Ella die Nase. Dem konnte ich kaum widersprechen. In der Ecke stand ein sandfarbenes Sofa, das zu einer Schlafcouch umfunktioniert werden konnte. Ich beschloss, diesem Möbelstück erst mit Polsterreiniger zu begegnen, bevor ich mich darauf niederließ. Wir gingen von Raum zu Raum, und es war ein bisschen so, als besuchten wir einen dieser *lost places*. Nun denn, wir waren jedenfalls bereit, diese Wohnung zu besetzen, sie uns zu eigen zu machen. Wir würden uns einrichten und wohlfühlen. Wir würden hier unser neues Zuhause finden.

Ella war entsetzlich müde. Schließlich waren wir bereits mit dem Sonnenaufgang in der Heimat gestartet. Die Fahrt von Niedersachsen nach Nordfriesland hatte gut vier Stunden gedauert, es ging quer durch Bremen und den Hamburger Elbtunnel. Zum Schluss noch die Überfahrt mit der Fähre, da setzte nun, als wir endlich angekommen waren, bei Ella der

Erschöpfungszustand ein. Mit dem Fuß schob ich die knisternden Fliegen zur Seite, blies die Luftmatratze auf, und keine zehn Minuten später schlief Ella tief und fest. Ich nahm mir eine Flasche Cola und setzte mich draußen in die Mittagssonne, um ein wenig auszuruhen.

Noch nie hatte ich eine solche Farbenvielfalt an Stockrosen gesehen, wie sie hier in diesem verwilderten Garten wuchsen. Mächtige Stängel, so groß wie ich selbst, streckten sich dem blauen Himmel entgegen. Überrascht stellte ich fest, dass hier doch ein kleines Stück Rasen war. Bei der Besichtigung im Regen war er mir in dieser Wildnis gar nicht aufgefallen. Nun hatte jemand das hohe Gras gemäht. Der Schnitt lag zwar noch da, aber darunter war zartes Grasgrün auszumachen. »Mist«, dachte ich, denn ich hatte den Rasenmäher ausgemustert. Da musste ich wohl doch noch einen besorgen.

Ich beschloss, erst mal das Auto auszuladen. Ich hatte nur das Nötigste eingepackt. Neben den Kaninchen noch einige Kleidungsstücke, Kulturbeutel, Snacks und Getränke. Außerdem Wandfarbe, Pinsel, Rollen, Kreppklebeband, Werkzeuge und die Aluleiter. Die Möbel sollten am Samstag mit einer Umzugsfirma nachgeliefert werden. Mir blieben also drei Tage, um die Wohnung zu renovieren. Sportlich, aber machbar.

Neben mir hörte ich Kinderstimmen hinter dem Zaun. Aufgeregt liefen drei Kinder zum Hasenauslauf und waren ganz hingerissen von den süßen Tieren.

»Wie heißen die?«, wollten sie wissen.

»Cookie und Bommel«, antwortete ich und ermunterte sie, die Kaninchen zu streicheln. Das ließen sie sich nicht zweimal sagen. Schließlich nickten sie mir noch einmal kurz zu und liefen zurück zum Kindergarten. Es waren die ersten Halligkinder, denen ich begegnete. Sie hatten mich wohl wahrgenommen, doch wirklich neugierig schienen sie nicht zu sein, wer ich wohl war. Gegen so bezaubernde kleine Häschen hatte ich einfach keine Chance.

»Das Bad stinkt«, protestierte Ella, die wieder erwacht war und noch etwas schlaftrunken durch die Wohnung taperte. Skeptisch schaute sie sich um.

»Na komm«, ich erhob mich entschlossen, »lass uns mal schauen, was wir dagegen machen können.« Ich spülte die trocken liegenden Abflüsse kräftig durch und schwang Eimer und Putzgerät. Ich war schon einigen alten Bädern mit Tatendrang zu Leibe gerückt, und die meisten waren alt und ranzig gewesen. Da konnte man noch so viel putzen und wischen, nie würden sie in dem Glanz erstrahlen, der uns in der Reinigungsmittelwerbung begeisterte. Hier war es anders. Das Bad war recht neu, und nachdem ich die Decke frisch geweißelt, die Glasduschabtrennung mit Essigreiniger geschrubbt und die Armaturen blank gewienert hatte, betrat Ella den Raum, der nun angenehm duftete.

»Das ist doch ganz schön«, meinte sie anerkennend.

Puh!

Es war mittlerweile später Nachmittag, und ich empfand ein leichtes Hungergefühl. Also machten wir uns auf den Weg in Richtung Hanswarft, dem Zentrum des Halliggeschehens, die Hauptwarft, wenn man so wollte, auf der neben einem Einkaufsladen auch einige Restaurants zu finden waren. Wir setzten uns auf die Sonnenterrasse eines Restaurants mitten zwischen die Touristen. Niemand kannte mich, ebenso wenig, wie ich jemanden kannte. Wir alle waren einander fremd, und dennoch unterschied ich mich von den anderen Gästen. Ich war keine Touristin, ich gehörte nun hierher, war durch meinen Job ein wichtiger Bestandteil der Halliggemeinde. Doch konnte ich mich als Hoogerin bezeichnen? Gehörte ich dazu? Wohl noch lange nicht. Es war ein seltsames Gefühl.

Am liebsten hätte ich laut herausgebrüllt: »Wir sind jetzt da! Seht ihr? Wir sind angekommen. Ich bin die Lehrerin. Hier bin ich!«

So laut wie meine Gedanken waren, so bescheiden leise bestellte ich unser Essen. Ella entschied sich für einen Milchreis. Angesichts der Preise fiel meine Wahl auf eine einzelne Ofenkartoffel, denn so viel musste ich ja nicht essen. Hatte ohnehin etwas zu viel auf den Hüften. Dafür gönnte ich mir aber einen Tee, serviert in einem blau gemusterten Friesenkännchen, und schon fühlte ich mich sehr viel nordfriesischer. Der Milchreis war nicht so ganz nach Ellas Geschmack. Nachdem sie probiert hatte, schob sie den Teller ein Stück weit von sich und meinte: »Der schmeckt irgendwie nicht, Mama. Der ist auch so dünn.« Sie rührte lustlos in ihrem Milchreis und aß kaum etwas davon. Also verzehrte ich meine Folienkartoffel und zum Nachtisch den restlichen Reis. Ella war missmutig und sicherlich auch noch hungrig.

Nachdem ich mit angemessenem Trinkgeld unsere Zeche gezahlt hatte, ermunterte ich sie: »Komm, wir gehen noch zum Laden und holen uns Eis und Snacks für heute Abend.«

Während sich Ella ein Calippo aus der Eistruhe angelte, ging ich durch die Regale und war überrascht angesichts des breiten Angebots. Hier fand man tatsächlich alles, was man zum Leben brauchte, und einiges mehr. Nicht nur Brot, Butter, Eier, sondern auch zahlreiche Süßigkeiten, Tiefkühlkost, Frischwaren, Obst und Gemüse, Briefumschläge, Klopapier. Ich war beeindruckt und gleichzeitig amüsiert, denn hier war der Einkauf frei von Wirrungen und Entscheidungsproblemen. Keine zig verschiedenen Haarwaschprodukte für dünnes oder dickes, für glattes oder gewelltes Haar, für jeden Tag oder ohne Nachfetten, mit Duft oder duftneutral. Nein, hier gab es zwei Sorten Shampoo, eins für Männer, eins für Frauen und fertig. Da fiel die Entscheidung leicht. Gepriesen sei die Reduzierung.

Und plötzlich sah ich jemanden, den ich kannte. Die beiden Halligkaufleute waren mir vertraut, ich kannte ihre Namen und wusste, wie ihre Stimmen klangen. In meiner Vorbereitung auf dieses Abenteuer hatte ich mir sämtliche YouTube-Videos, *Nordstorys* und Dokumentationen über Hallig Hooge angesehen, die ich finden konnte. Einige auch mehrmals. Nun stand ich vor den beiden und strahlte sie an. Bedauerlicherweise kannten sie mich natürlich nicht und werden sich vermutlich nach Ladenschluss beim Feierabendbier noch die Frage gestellt haben, wer wohl diese verrückte Frau im Laden kurz vor sechs war, die so entrückt breit gegrinst hatte.

Auf dem Rückweg zu unserer Warft neigte sich der Tag langsam dem Abend zu. Die Sonne berührte fast schon den Horizont. Eine Farbexplosion in Rot, Orange und Gold breitete sich über die Wolkenformationen und das schimmernde Wattenmeer aus. Auf unseren Wangen spiegelte sich das Abendrot wider, und es war, als würden wir von innen heraus leuchten. Es war ein magischer Moment, und plötzlich war es mir ganz klar. Es war ein tiefes Bewusstsein, eine Gewissheit, die mich ganz deutlich und unumstößlich erfüllte. In diesem Moment wurde mir klar, dass ich gesegnet war. Und obwohl ich kein Mitglied der christlichen Kirche mehr war und auch sonst wenig religiös lebte, wusste ich hier, dass es etwas Göttliches gab, auf das ich vertrauen konnte. Alles hier schien einer anderen Zeitrechnung zu folgen. Ein Ort der Entschleunigung, an dem wir uns nun befanden.

Ironischerweise mussten wir schleunigst sehen, in die Wohnung zu kommen, da sich der Abend näherte und wir noch kein angemessenes Nachtlager hatten. Das Schlafzimmer im ersten Stock war noch so frisch renoviert, dass ich lediglich einmal den Laminatboden saugte und wischte, um dann das Luftmatratzenlager aufzuschlagen.

Dort lag ich nun und lauschte den Geräuschen der Nacht. Draußen riefen die Austernfischer, der Wind schlich ums Haus. Neben mir der gleichmäßige Atem meines schlafenden Kindes. Ich betrachtete es. Ella schlief eingewickelt in ihrer Kuscheldecke, und nur das zarte Gesicht schaute hervor. Es schien, als sei es ihr gleichgültig, wo wir lebten, solang wir zusammen waren. Uns umfing ein so enges Band. Wie würde sich das Leben auf der Hallig darauf auswirken? Ich fragte mich auch, ob ich mir selbst vorstellen konnte, mit ihr allein hier mitten im Meer zu leben, mein eigenes Kind zu unterrichten. Wie würde das unsere Beziehung verändern? Wir mussten es ausprobieren, um auf diese Fragen Antworten zu bekommen. Es gehörte schon eine Menge Mut dazu, und ich war so stolz auf sie, dass sie ohne Zögern mit mir gegangen war.

Der Wind legte sich schlafen, und auch ich schloss die Augen.

Wir waren angekommen.

Porrenpann

Der Wind schlief längst nicht mehr, und an diesem Morgen blies er munter aus Ost. Es war schon ziemlich warm. Umso mehr genoss ich den kühlen Luftzug, der mir durch die Haare strich. Ideales Wetter zum Wäschetrocknen. Ich stellte den vollen Wäschekorb auf das saftige Gras. Unglücklicherweise stand ich auf der falschen Seite der Leine und war sofort in einen erbitterten Kampf mit einem Bettlaken verwickelt, das mir seine Ecken um die Ohren schlug. Als ich mich aber auf die andere Seite stellte, half mir der Wind, und die großen Wäschestücke hängten sich fast von allein an die lange Leine. Ich musste lediglich noch die Klammern befestigen.

Über den Holzzaun winkte meine Warftnachbarin Klara mir zu und rief: »Moin! Willste Fisch? Komma rüber!«

Ich freute mich sehr, dass sie mich fragte. Es fühlte sich so vertraut an. Ich gehörte dazu. Schnell lief ich rüber und begleitete sie in ihre Küche.

»Such dir man was aus, sind im Waschbecken«, meinte die freundliche Mittsiebzigerin, die aufgrund eines Hüftleidens ziemlich bedächtig durch ihr kleines Haus schlich. Sie grummelte oftmals scheinbar gedankenverloren vor sich hin, das hatten Ella und ich schon mitbekommen. Aber sie grummelte freundlich, und wenn sie lachte, bildeten sich zwei bezaubernde Grübchen auf ihren faltigen Wangen.

Aus dem Spülbecken sahen mich mit schreckgeweiteten Augen eine Handvoll fangfrischer Fische an.

»Sind gerade erst vom Kutter runter. Schon mal so frischen Fisch gekriegt?«, fragte Klara und lachte.

Nein, das hatte ich wahrlich nicht. Mein Fisch kam in der Regel aus dem Tiefkühlregal im Supermarkt und hatte bereits ein ansehnliches Panadegewand an. Mir wurde etwas flau im Magen bei dem Gedanken, diesen Tieren den Kopf abzuschneiden. Oder aß man den hier mit? Ich unterdrückte einen leichten Würgereiz. Musste man die vielleicht sogar noch ausnehmen, oder war das bereits auf dem Kutter geschehen? Wie konnte ich das erkennen?

Das war wundervoller Fisch, frisch und gesund, jedenfalls bis vor Kurzem, als er noch in der Nordsee schwamm. Nun schwamm er nicht mehr. Gott sei Dank. Jedenfalls aus meiner Sicht.

Sollte ich jetzt dankend ablehnen und gehen? Wie würde das denn aussehen, nachdem mir als absoluter Neuling ein solches Geschenk angeboten wurde? Das konnte ich nicht machen. Ich sollte mir jetzt wirklich was aussuchen, denn ich wollte Klara nicht vor den Kopf stoßen. Ich seufzte leise und inspizierte die Auswahl. Dort war ein großer, langer Fisch, dessen Schuppen silbern glitzerten. Außerdem lagen platte Fische von schlammiger Farbe im Becken, die ich als Schollen identifizierte. Aus meinen Kindheitserinnerungen strebte ein Lied an die Oberfläche, das ich zu summen begann.

In einen Harung (Hering) jung und schlank, zwo, drei, vier, sit, tata, tirallala,
der auf dem Meeresgrunde schwamm, zwo, drei, vier, sit, tata, tirallala,
verliebte sich, oh Wunder, 'ne olle Flunder, 'ne olle Flunder …

Schließlich balancierte ich auf jeder Handfläche eine attraktive Flunder und trug meinen Fang wie eine Kellnerin ihre Tabletts in die eigene Küche. Was sollte ich jetzt damit anfangen? Wie bereitete man so frischen Fisch zu, der so gar nicht als Fischstäbchen durchging? Ausgenommen waren sie zum Glück schon, das hatte Klara mir versichert. Ich beschloss, die armen Kreaturen zunächst kaltzustellen und am nächsten Tag mit der Zubereitung zu beginnen.

Am nächsten Morgen krabbelte Ella zu mir unter die Bettdecke.

»Na, gut geschlafen?«, fragte ich sie.

»Ja, du auch? Was guckst du da?«, wollte sie wissen.

Ich ließ sie mit auf mein Smartphone schauen und setzte meine Recherche fort.

Deutsche Seescholle filetieren lautete der Titel des YouTube-Videos, das wir uns jetzt ansahen. Das Messer ansetzen, über das Rückgrat schneiden, die Haut abziehen. Wir sahen uns kurz an und begannen beide gleichzeitig, unsere Begeisterung mit Würgegeräuschen zu verdeutlichen.

»Voll eklig!«, rief Ella.

»Mhm, schon, aber bestimmt total lecker«, erwiderte ich.

»Na, dann viel Spaß und guten Appetit«, meinte sie, »ich leg mich wieder hin.«

Später stand ich in der Küche und summte vor mich hin.

Der Harung sprach, du bist verrückt, zwo, drei, vier, sit, tata, tirallala,
du bist mir viel zu platt gedrückt, zwo, drei, vier, sit, tata, tirallala …

Die Scholle, die vor mir lag und auf ihr Ende wartete, war sehr klein. Ich versuchte, es dem Mann aus dem Video gleichzutun, und begann zu filetieren. Doch als ich damit fertig war, musste ich feststellen, dass ich das Tier gänzlich zu Tode zubereitet hatte. Es war schlicht nichts mehr übrig.

Rutsch mir den Buckel runter, du olle Flunder, du olle Flunder …

Glücklicherweise hatte ich ja noch ein zweites Exemplar im Kühlschrank. Ich überließ das Filetieren den Köchen und YouTube-Stars und briet diesen Fisch ganz traditionell mit Zitrone und Dill und salziger Butter.

»Du willst das jetzt wirklich essen?«, fragte Ella mich skeptisch und steckte sich ein paar Pommes in den Mund.

Mutig nahm ich eine Gabel voll und führte sie zum Mund. Es schmeckte köstlich. Es war genial. So zarten, frischen und schmackhaften Fisch hatte ich bislang noch nie gegessen. Und ich freute mich schon auf die nächsten kulinarischen Genüsse, die der Kutter uns bringen würde.

Bei meinem nächsten Spaziergang traf ich den Fischer direkt im Hafen und fragte, ob er mir beim nächsten Mal Krabben mitbringen könne. Wenn man mitten in der Nordsee lebte, musste man auch Krabben pulen können.

»Wie viel willst denn haben?«, fragte er.

»Weiß nicht, wie viel nimmt man denn so? Fünf Liter?«

»Hast schon mal gepult?«

Ich schüttelte verlegen den Kopf.

»Dann ist das sportlich.«

»Dann zwei Liter?«

»Jo, zwei Liter.«

Als der Beutel bei uns in der Küche ankam, waren Ella und ich aufgeregt. Wir würden das erste Mal Krabben pulen. Wie war das noch in den Videos? Das Köpfchen festhalten. Aber nicht quetschen. Das Hinterteil drehen, bis es knackte. Das Hinterteil vorsichtig abziehen. Dann das Fleisch aus dem vorderen Teil herausziehen.

»Nichts leichter als das«, lachte ich und schnappte mir die erste Krabbe. Mit den langen Fühlern kitzelte ich Ella an der Wange.

»Iiihhh!«, kicherte sie und nahm sich zwei Krabben. Sie ließ die beiden miteinander tanzen und sich ein Küsschen geben. Dann begann ich, das Hinterteil des kleinen Tieres zu drehen. Es knackte wie das Brechen eines trockenen Astes.

»Jetzt mach ich ihn nackig«, sagte ich und zwinkerte Ella zu. Aber ich riss dabei das ganze Krabbenfleisch in zwei Hälften und musste die Schale mühselig mit den Fingernägeln abknibbeln. Ellas Versuch war erfolgreicher, und sie zog das Fleisch in einem Stück heraus.

»Probier mal«, munterte ich sie auf.

»Um Gottes willen, nein!« Sie schüttelte sich. »Ich will die nur pulen.«

Nach einer Stunde hatte sie keine Lust mehr und fragte, ob sie Fernsehen gucken dürfe. Nach weiteren zwei Stunden war ich endlich fertig. Die Ausbeute war etwas ernüchternd, doch ich war zuversichtlich, dass sich die Geschicklichkeit und Schnelligkeit mit jedem Mal steigern ließen.

»Na, gab's bei dir Porrenpann?«, fragte Klara am Abend am Gartenzaun.

Ich schüttelte den Kopf.

»Nee, ich habe Spaghetti mit einer Krabben-Lachs-Sahnesoße gemacht. Wir lieben das.« Und während ich ihr ausführlich berichtete, wie man diese tolle Soße zusammenstellte, merkte ich, dass es sie eigentlich nicht interessierte. Als ich mit meinen Ausführungen fertig war, sagte sie nur: »Bei mir gibt's Porrenpann.« Und damit war das Gespräch beendet.

Am nächsten Morgen hatte ich einen Zettel im Flur liegen, auf dem in fliehender Schrift das Rezept notiert war. Hier aß man keinen Schickimicki-Sahnekram. Hier aß man Porrenpann. Basta.

Porrenpann (Friesische Krabbenpfanne)

2 EL Butter schmelzen

2 EL Mehl dazugeben und zur festen Masse verrühren

mit Schuss Weißwein verrühren

mit Milch aufgießen, glatt rühren und aufkochen lassen

Topf vom Feuer nehmen

500 g frisches Krabbenfleisch und ein Bund gehackte Petersilie in die Soße geben, kurz ziehen lassen

Kartoffeln dazu – fertig

Bei der nächsten Krabbenlieferung versuchte ich mein Glück. Seither gab's bei Wardas auf der Hallig nur noch selten Krabben-Lachs-Sahne-Chichi. Wir waren Halliglüüd. Hier gab's Porrenpann. Basta.

Von Postadressen, Klingeln und Herzklopfen

Die Strahlen der Sonne berührten sacht die Wellen des Meeres und ließen Tausende Diamanten darauf tanzen. Ich saß am Schreibtisch meines kleinen Büros im ersten Stock und verlor mich in dieser Schönheit der Natur. Einen solchen Ausblick aus einem Arbeitszimmer kannte ich bislang nur aus Filmen.

Ließ ich meinen Blick durch den Raum streifen, eröffnete sich mir allerdings ein anderes Bild. Unzählige Ordner füllten die Regale, nicht erledigte Arbeitshefte und Kopiervorlagen bedeckten Tische und teilweise den Boden. Das reinste Chaos. Wie sollte ich hier Ordnung schaffen?

Mit einem leichten Seufzer klappte ich den Laptop auf. Neben dem Touchpad klebte ein kleiner Post-it, auf dem das Passwort vermerkt war. Gespannt tippte ich die Zeichen ein. Zahlreiche Ordner lagen auf dem Desktop mit Unterordnern und einer Flut von Dateien. Ich öffnete das Mailprogramm. Das Postfach quoll über. Tausende von Informationen – welche waren wichtiger als andere? Wo sollte ich beginnen? Ich war erst seit wenigen Tagen hier, und in ebenso wenigen Tagen würde der Unterricht beginnen. Die Sommerferien in Niedersachsen hatten gerade erst begonnen. In Schleswig-Holstein neigten sie sich bereits dem Ende zu. Es kam erschwerend hinzu, dass die Sommerferien auf den Halligen und Inseln bereits eine Woche früher endeten als auf dem Festland. Dafür fingen die Herbstferien auch eine Woche eher an. Dieser Umstand war wohl der saisonalen Tourismussituation geschuldet und bedeutete für mich noch weniger Zeit für die Vorbereitung. Ich war allein.

»Das Wichtigste zuerst«, entschied ich und verfasste meinen ersten Elternbrief auf Hallig Hooge, mit dem ich gleich am zweiten Schultag zu einem Kennenlern-Elternabend einlud. Anschließend legte ich mir eine persönliche Klassenliste mit allen 13 Schülerinnen und Schülern an. Dabei stellte ich fest, dass einige dieser Kinder Geschwister waren. Damit blieben lediglich sechs Adressen, die ich anzufahren hatte.

»Das dürfte ja nicht so schwer sein«, dachte ich, schwang mich auf mein Fahrrad und radelte Richtung Hanswarft, wo fünf der Familien wohnten. Schnell musste ich aber feststellen, dass es ein zeitaufwendiges Unterfangen werden würde.

»Musst klopfen und reingehen«, rief mir ein Halligbewohner zu, der mich unschlüssig vor einer Tür stehen sah. Er grinste und ging weiter. Es gab keine Klingeln auf der Hallig. Meine Hand war etwas schwitzig, als ich die Türklinke runterdrückte. Einfach in fremde Häuser zu gehen, widerstrebte mir sehr.

In meiner Hand hielt ich die Briefe für die Hanswarft. Die Adresse auf dem Papier zu haben, war eine gute Sache. Doch was sollte man machen, wenn die Häuser gar keine ersichtlichen Hausnummern hatten? Ich ging von Haus zu Haus rund um den Fething, ein Teich inmitten der Warft, der früher einmal als Viehtränke diente. Die Enten schwammen mit ihren Küken geordnet über das Wasser, als würden sie Choreografien für die nächste Touristenführung einstudieren. Ein aufgeregtes Teichhuhn rannte am Ufer herum. Hier standen sogar ein paar große Bäume, und ich hielt inne, um dem Blätterrauschen zu lauschen. Vom Biergarten her hörte ich Stimmen und folgte ihnen.

»Dat kannst du mi glöben«, sagte ein Mann zu seinen Tischnachbarn und lachte.

»Entschuldigung?« Ich ging einen Schritt auf die Gruppe zu.

Der Mann sah mich an. Er strich sich über seinen Bart.

»Moin! Wat gifft dat?«

»Moin! Ich bin die neue Lehrerin und suche Familie Bruns?«

»Jo, die wohnen da vorn.«

»Oh, danke schön.« Ich setzte mich schon in Bewegung, als er sagte: »De sind awer gor nich dor.«

Ich hörte förmlich die Flensburger Bierflasche ploppen und musste unwillkürlich grinsen.

»Oh, dat is ja doof«, sagte ich.

»Jo, wenn dat um de Kinner geiht, musst du dor achtern hin. Einfach die Treppe hoch. Geertje kümmert sich um allns.«

Also umrundete ich den Fething abermals, klopfte an die Tür, hinter der sich das Heim besagter Geertje befinden sollte, ging rein und stieg die Treppe hoch. Am oberen Treppenabsatz erschien der Kopf einer Frau mit raspelkurzen dunklen Haaren. Dann stand sie vor mir. Sie war älter als ich, vielleicht sechzig, nicht sehr groß, und ihre von Lachfalten umringten, fast schwarzen Augen funkelten.

»Suchst du mich?«, fragte sie und sah mich schräg von unten an.

»Ja, ich hab hier Post für Familie Bruns.«

»Na, dann man her damit. Du bist die Lehrerin, nich? Ich bin die Geertje. Willkommen auf Hooge!«

Ich nickte und reichte ihr den Brief.

»Ja, die sind auch neu hergezogen. Heut sind sie noch mal zum Amt auf dem Festland. Wenn irgendwas ist, mit den Kinnern oder so, komm einfach zu mir. Ich kümmer mich da ein bisschen und helfe, wenn's Not tut. Hab den kleinen Souvenirladen da vorn. Da findest du mich meistens.«

Sie lächelte mich an. Ihre Haut war braun gebrannt wie warme Erde.

»Vielen lieben Dank«, sagte ich. »Ich muss dann mal weiter zu den anderen Familien.«

»Nur zu!« Geertje lachte, und ich setzte meinen Weg fort.

»So eine liebe Frau«, dachte ich und wollte gerade unbedarft durch ein Gartentor das nächste Haus ansteuern, als ein großer Hund auf mich zustürmte. Ihm folgten drei weitere Vierbeiner in allen Größen. Huch! Schnell schloss ich das Tor und suchte nach einer Klingel. Selbst wenn es eine gegeben hätte, war zu bezweifeln, dass jemand sie bei dem Gebell gehört hätte. Vielleicht gab es einen Postkasten, in den ich meinen Brief einwerfen konnte. Fehlanzeige. Ich wartete, aber niemand kam. Also klemmte ich den Brief fest in das Tor und hoffte, dass er rechtzeitig gefunden werden würde. Die Vierbeiner kläfften euphorisch weiter.

Zwei Häuser weiter hörte ich lautes Schimpfen: »Das ist mir scheißegal! Hab kein Bock, Mann!«

Als ich um die Ecke in den Garten schaute, standen dort ein Jugendlicher und offenkundig seine Mutter. Meiner Liste zufolge musste das Jelko aus dem neunten Jahrgang sein. Sie sahen mich an und nickten mir zu.

»Hallo«, sagte ich. »Ich bin Manuela Warda, die neue Lehrerin. Ich möchte mich vorstellen und Sie herzlich zu einem Kennenlernabend einladen.«

Jelkos Mutter stellte sich als Anne vor und nahm das Einladungsschreiben, das ich ihr entgegenhielt. »Das ist Jelko«, sagte die Mutter, und der hagere, braun gebrannte Junge gab mir mit betont coolem Blick die Hand.

»Tach.«

»Vielleicht kriegen Sie ihn ja dazu, sich endlich um einen Praktikumsplatz zu kümmern. Wann ist das Praktikum noch mal?«, fragte Jelkos Mutter.

»Was für ein Praktikum?«, schoss es mir durch den Kopf. Ich wusste von nichts. Es hatte keine Übergabe stattgefunden. Lediglich eine Liste über den Haushaltsetat und die getätigten Bestellungen hatte man mir an der Fähre überreicht, mehr nicht. Ich hatte keine Ahnung. Das konnte ja heiter werden. Ich hoffte, nicht rot zu werden, und versuchte, die Fassung zu wahren. Wie hieß es so schön: sicheres Auftreten bei völliger Ahnungslosigkeit.

»Ähm, da muss ich noch mal nachgucken, das kann ich gar nicht so genau sagen«, erwiderte ich. Ich beschloss, sobald ich wieder zu Hause war, direkt mal auf der Nachbarhallig Langeneß anzurufen. Die konnten mir da bestimmt weiterhelfen.

»Da finden wir sicher eine Lösung«, beeilte ich mich zu sagen und verabschiedete mich mit dem Hinweis auf die weiteren Einladungen in meinem Fahrradkorb von Jelko und seiner Mutter.

Wieder zu Hause kam es mir vor, als sei ich Stunden unterwegs gewesen. Im Wohnzimmer saß Ella und guckte gerade eine Serie. Als ich eintrat, sah sie mich erwartungsvoll an.

»Das war der schwerste Gang seit Langem«, sagte ich, »meine Komfortzone ist aufs Übelste strapaziert. Keine Hemmungen mehr.«

Ich erzählte ihr von den Menschen, denen ich begegnet war, der Eigenart, dass es hier weder Klingeln noch abgeschlossene

Türen gab, von der Hanswarft und von den Küken. Ella schaltete den Fernseher aus, lauschte meiner Erzählung und stellte sich alles vor. Vielleicht würde ich sie beim nächsten Mal überreden können mitzukommen. Doch ihre Komfortzone war weitaus größer als meine und nicht so leicht zu öffnen. Dafür brauchte Ella Zeit.

Ich kochte mir erst mal einen Tee und setzte mich raus auf die Terrasse. Obwohl der Garten extrem ungepflegt war, genoss ich das Farbenspiel der Stockrosen. Eine Klingel gab es auch hier nicht. Meine Post lag immer im Schulflur auf dem Schrank. Ich schüttelte lachend den Kopf und trank einen Schluck.

»Na, dann wollen wir mal«, motivierte ich mich und begann, den ersten Schultag zu planen.

Wat mutt, dat mutt

Das letzte Wochenende vor meinem Schulbeginn als Halliglehrerin. Eine leichte Nervosität machte sich in meinem Magen breit, und meine Kieferknochen mahlten scheinbar ohne Unterlass. Also entschloss ich mich, bei strahlendem Sonnenschein eine kleine Runde über die Hallig zu machen, um mich abzulenken und den Kopf freizubekommen.

Als ich von der Ockelützwarft Richtung Sommerdeich spazierte, scheuchte ich eine Schar Ringelgänse auf, die es sich auf unserem Fußballplatz gemütlich gemacht hatten. Es war wie ein Rauschen, als fühlte ich den Luftstoß der zahlreichen Flügel direkt in meinem Gesicht. Für einen kleinen Moment hielt ich die Luft an und atmete geräuschvoll aus, als ich dem Schwarm hinterhersah. Sie zeigten mir ihre Hinterteile. Die kleinen weißen Flecken auf ihrem Gefieder tanzten Richtung Himmel. Vor seinem satten Hellblau zeichneten sich die Gänse wundervoll ab. Vereinzelt huschten ein paar Schleierwolken in großen Höhen dahin. Und diese Höhen waren gigantisch. Ich drehte mich mehrfach um mich selbst. Hier gab es nur Land und Himmel, umgeben und durchzogen von Wasser. Grün und Blau, so weit das Auge reichte.

Wie klein der Mensch war, wie nichtig seine Probleme und Sorgen angesichts einer derartigen Größe und Weite. Doch ich fühlte mich nicht klein und unbedeutend. Im Gegenteil. In diesem Moment, als ich mit meinen Stoffturnschuhen die Steine des Deichs betrat, sich das weite Meer funkelnd vor mir ausbreitete, das grüne Land mich trug und der mächtige Himmel mich umhüllte, fühlte ich mich riesengroß, erhaben und stolz. Und den Ringelgänsen gleich hob ich in Gedanken meine Arme und stieg hinauf, glitt durch die Luft und genoss dieses Gefühl der Lebendigkeit.

»Moin«, schallte es plötzlich zu mir herüber, »na, Deich-Yoga?«

Geertje stand dort und grinste.

Tatsächlich stand ich mit weit ausgebreiteten Armen da und griente mit geschlossenen Augen in den Tag.

»Moin«, grüßte ich ein bisschen verlegen zurück.

»Wenn's ordentlich stürmt, kannst du dich da richtig gegenlehnen. Das ist toll«, erklärte sie und deutete an, wie sie mit ausgebreiteten Armen in leichter Schräglage am Deich stand.

Sie zwinkerte mir zu und setzte ihren Weg fort. Dann drehte sie sich noch einmal um und rief: »Und dagegen ansingen ist auch super!«

Sie lachte, wünschte mir noch ein schönes Wochenende und ging Richtung Hanswarft.

Ich winkte und marschierte in die andere Richtung, der untergehenden Sonne entgegen.

Eigentlich hatte ich mir vorgenommen, die Hallig einmal zu umrunden, doch sehr bald musste ich feststellen, dass sie gar nicht so klein war, wie ich vermutete. Die nächste Warft schien zum Greifen nah, doch ich setzte einen Fuß vor den anderen, lief und lief, und dennoch verringerte sich der Abstand kaum. Es war ein bisschen so, als versuchte man, auf einem Förderband entgegen der Laufrichtung voranzukommen. Schließlich zahlte sich meine Beharrlichkeit aus, und ich erreichte die Westerwarft. Damit hatte ich noch nicht einmal ein Viertel der Hallig umrundet. Ich war müde, meine Füße qualmten, und Durst hatte ich auch.

Ich beschloss, meine Halligumrundung auf einen anderen Tag zu verlegen und über die Schleuse wieder Richtung Zuhause zu gehen. Ich war ganz allein auf dem Westerdeich und lauschte dem Wellenschlag neben mir. Das Meer berührte den Deich und zog sich zurück. Es war, als atmete es mit einem sanften Rauschen, und ich ließ mich auf den Rhythmus ein. Einatmen, ausatmen, Rauschen des Meeres, es rollte heran und heran. Mein Kiefer entspannte sich, sämtliche Nervosität war verflogen, und eine innere Ruhe machte sich breit.

»Das Meer ist Meditation«, dachte ich lächelnd.

Als ich das Schleusenbecken erreichte, machte gerade der Krabbenkutter fest. Dicke Seile wurden geworfen und von einem älteren weißblonden Mann in Shorts aufgefangen.

»Alles klar?«, rief er dem Fischer zu.

»Jo!«

»Guter Fang?«

»Jo.«

»War heut gutes Wetter zum Fischen.«

»Jo.«

Ich grinste. Nordmenschen waren wortkarg und einsilbig, hieß es im Kanon der Vorurteile. Tja, was kann man dazu sagen außer: jo.

Gerade als ich grüßend an den beiden vorübergezogen war, wurde ich aber eines Besseren belehrt. Auf die Frage, ob noch viel zu tun sei, kam kein einfaches »Jo«, sondern ein kompletter Satz: »Wat mutt, dat mutt.« Damit war alles gesagt.

Ich kicherte den restlichen Heimweg in mich hinein und beschloss, diesen Satz in meine Begrüßungszeremonien einzubauen.

»Moin, wo geiht di dat?«

»Man so, wat mutt, dat mutt.«

Als ich zu Hause ankam, fragte Ella mich, warum ich so gut drauf sei. Ich erzählte ihr von den Fischern und dem plattdeutschen Satz. Sie wiederholte ihn, und aus ihrem Mund hörte er sich noch amüsanter an. Er gefiel ihr ebenso gut wie mir, und sie beschloss, ein wenig Plattdeutsch zu lernen, einfach weil es so schön klang.

»Am besten lernt man Sprachen mit Liedern«, erklärte ich und brachte ihr das ursprünglich Hamburger Lied *An de Eck steiht'n Jung mit'n Tüddelband* in leicht abgewandelter Form auf Hooge abgestimmt bei. Den Text hatte ich beim Aufräumen im Büro gefunden und gleich in mein Repertoire aufgenommen.

»Klaun, klaun, Äppel wullt wi klaun, ruckzuck öwern Zaun. Ein Jeder awer kunn dat nich, denn he mutt von Hooge ween«, sangen wir lauthals beim abendlichen Zähneputzen.

Am Sonntagmorgen saß ich im Büro und schaute aufs Meer hinaus. Auf der Fensterbank stand ein Fernglas. Ich hatte gehört, dass jeder auf der Hallig mindestens eines sein Eigen nannte, es gehörte gewissermaßen zur Grundausstattung eines jeden Halligentauses. Dieses weite Land lud dazu ein, es genauer zu betrachten. Allerdings war ich misstrauisch, denn ich hatte schlechte Erfahrungen mit einem Fernglas gemacht.

Vor vielen Jahren hatte ich das Fernglas meines Vaters mit in einen Norwegenurlaub genommen. Es war ein Erbstück, und schon der Duft beim Öffnen des Etuis erinnerte mich an die Wanderungen meiner Kindheit durch die Tiroler Berge. Das Fernglas bestand überwiegend aus Metall und lag schwer in meinen Händen. Was ich im besagten Urlaub noch nicht wusste, war, dass ich eine Nickelallergie hatte. Was ich darüber hinaus auch nicht wusste, war, dass in dem Fernglas reichlich

Nickel verarbeitet worden war. Die Folge war ein furchtbarer, ringförmiger Ausschlag um meine Augen, der mich am darauffolgenden Morgen juckend und brennend peinigte. Seither hatte ich durch kein Fernglas mehr geguckt.

Skeptisch hielt ich nun dieses Fernglas in den Händen. Es war auch schwer und groß, aber die meisten Teile bestanden aus Plastik. Vorsichtig schaute ich durch die Okulare und achtete peinlichst genau darauf, einen kleinen Abstand zwischen mir und dem Teil zu lassen.

Ich holte die Austernfischer auf unserer Warft dicht zu mir nach oben. Etwas weiter tummelten sich Graugänse auf der Fenne. Bei den schwarz-weißen Kühen konnte ich die Zeichnung des Felles betrachten. In der Ferne spazierte jemand auf dem Deich. Würde er zu mir zum Tee kommen, könnte ich den in etwa einer Viertelstunde aufsetzen. In diesem Moment wurde mir bewusst, dass der einsame Wanderer gar nicht wissen konnte, dass ich ihn sah. Man konnte hier nie wissen, wie viele Fernglasaugen auf einen gerichtet waren, während man mutterseelenallein am Deich entlangspazierte. Ein leichtes Unwohlsein krabbelte meinen Nacken herauf. Verloren in diesem weiten Land war man allein, und doch wurde man ständig beobachtet. Doch ich schüttelte das Gefühl ab und lächelte. In diesem weiten Land war man frei, und doch war immer jemand da, wenn mal was passierte, weil man gesehen wurde. Der Kopf war rund, um in verschiedene Richtungen zu denken, und diese Richtung gefiel mir deutlich besser. Durch mein Fernglas sah ich den Spaziergänger vorüberziehen. Er würde vermutlich woanders zum Tee einkehren.

Stranger Things

Ich hatte es mir bei einem Gläschen Wein und Chips auf dem Sofa gemütlich gemacht. Den ganzen Tag über hatte ich Kartons ausgepackt und mich der Hausarbeit gewidmet. Die original Delfter Fliesen in meinem Wohnzimmer hatte ich Fliese für Fliese abgewischt und dabei die handgemalten Motive in Augenschein genommen. Jede für sich war ein kleines Meisterwerk. Während sich die Bilder wiederholten, so war doch jede in sich abgeschlossene Darstellung einzigartig. Ich sah Fischerhütten, Brücken, Windmühlen und Gehöfte. Es gab aber auch vier zusammenhängende Fliesen, die verzierte Rosetten darstellten. Ihr Name rührte von ihrem niederländischen Herkunftsort her – Delft. Sie gehörten zur friesischen Kultur und waren in vielen guten Stuben und traditionellen Gasthöfen noch heute zu bewundern. Wie bei mir im Wohnzimmer.

An zahlreichen Fliesen hatte der Zahn der Zeit genagt und kleine Ecken abgekaut. Ich hatte vom ehemaligen Lehrer, der hier über dreißig Jahre mit seiner Familie gelebt und unterrichtet hatte, erfahren, dass diese Fliesen bei der großen Flut 1962 aus den zerstörten Häusern gerettet worden waren. Nun fand ich Fliesen an der Wohnzimmerwand nicht sehr gemütlich, aber diese waren schon etwas Besonderes und verliehen dem Raum einen ganz besonderen Charme. Das Holzparkett hatte ich mühselig vom Fliegendreck der letzten Monate befreit und geölt. Würden die letzten unausgepackten Kartons nicht mitten im Raum stehen, wäre es schon perfekt.

In der Ecke erhellte eine kleine Tischlampe den Raum. Ich knabberte meine Chips und verfolgte das Geschehen auf dem

Bildschirm. Ich schaute mir über Netflix die Mysteryserie *Stranger Things* an und gruselte mich, als dort das Licht flackerte und die Spannung stieg.

Just in diesem Moment flackerte auch die kleine Lampe in meinem Wohnzimmer, und im Bruchteil einer Sekunde war es schlagartig stockdunkel. Der Fernseher tat keinen Mucks mehr, auch der vertraute Brummton des altersschwachen Kühlschranks war verstummt. Sämtliche Elektrizität war aus dem Haus gewichen. Unbeholfen stand ich auf und tastete mich in den Flur vor. Dabei stieß ich mit dem Knie heftig gegen den Wohnzimmertisch und lief gegen den Ofen. Mit ausgestreckten Händen tastete ich mich weiter. Wie war eine solche Dunkelheit nur möglich? Mit den Fingerspitzen suchte ich die kleine Kommode ab, hier war doch irgendwo die Taschenlampe. Erleichtert ertastete ich den metallenen Handgriff und schaltete die Lampe ein. Der Lichtkegel führte mich sicher durch den Flur. Vermutlich war aus irgendeinem Grund der Fehlerstromschutzschalter rausgesprungen, ich kannte das aus meinem alten Haus in Westerstede.

Herrje, wo war denn noch der Sicherungskasten? Ich erreichte die Tür zum Keller und stellte erleichtert fest, dass sich der Kasten direkt an der Kellertreppe befand. Es kostete mich einige Überwindung, die Kellertür zu öffnen, und ich leuchtete mit der Taschenlampe starr auf den Kasten, ohne die Kellertreppe und den Abgrund, der sich nach unten hin auftat, eines Blickes zu würdigen.

Ich stutzte.

Der Hauptschalter war nicht aus, keine einzige Sicherung war rausgeflogen, und dennoch war die Wohnung ohne Strom. Ich war etwas ratlos und beschloss, erst mal auf Toilette zu gehen.

Mit der Taschenlampe in der Hand betrat ich das Bad und stutzte wieder. Eine Außenlampe des Nachbargrundstücks erhellte den Raum. Der Stromausfall schien also nur meine Wohnung zu betreffen. Irgendwie beunruhigte mich das noch mehr. Wenigstens konnte ich nun die Taschenlampe ausmachen, denn im Bad war es hell genug. Nachdem ich mir die Hände gewaschen hatte und die Tür zum Flur wieder öffnete, schreckte ich zurück und hätte die Tür beinahe wieder zugeworfen.

Eine Stimme!

Da sprach doch jemand! Wie konnte das sein? Hatte mir jemand kurzerhand den Saft abgedreht und streifte nun Flüche und Verwünschungen ausstoßend durch mein Haus, um mich und meine Tochter das Fürchten zu lehren? Ich schaltete die Taschenlampe aus und drehte sie in meiner Hand, um dem vermeintlichen Eindringling gegebenenfalls in einem Überraschungsangriff mit dem harten Plastikhandgriff hinterrücks eins überzubraten. Ich wagte kaum zu atmen, als ich mich, einen Fuß sachte vor den anderen setzend, durch den Flur schob. Aus dem Wohnzimmer drang eindeutig eine Männerstimme. Meine Schlagwaffe fest umklammert näherte ich mich vorsichtig der Tür, spähte hinein und sah – dass der Fernseher wieder lief. Die *Tagesthemen* hatten gerade begonnen, und Ingo Zamperonis sonore Stimme erfüllte den Raum. Die kleine Tischlampe leuchtete ebenfalls wieder unschuldig vor sich hin.

Ich ließ die Taschenlampe sinken und atmete tief durch. Hier war niemand, und Ingo schien mit durchweg guten Absichten in mein Wohnzimmer gekommen zu sein. Mir war die Lust auf *Stranger Things* allerdings gründlich vergangen. Ich schaltete den Apparat aus und brachte mein Weinglas in die Küche. Alles war ruhig, nur der Kühlschrank brummte leise vor sich hin. Bevor ich mich noch verrückt machte, ging ich nach oben und zog mir die Decke über den Kopf.

Am nächsten Tag erfuhr ich, dass in der vergangenen Nacht die gesamte Hallig für einen kurzen Moment ohne Strom gewesen war, und zwar genau in dem Moment, als ich von der Stube in den Flur und zum Sicherungskasten gewandelt war. Als ich das Bad betreten hatte, war bereits das Notstromaggregat angesprungen, das auf der Hanswarft stand und uns im Fall der Fälle versorgte. Das Seekabel nach Pellworm, so erfuhr ich, war kurzzeitig beschädigt gewesen, was für den Stromausfall gesorgt hatte. Der Schaden war aber bereits behoben.

Die Hallig hatte ein eigenes Notstromaggregat. Wie beispielsweise ein Krankenhaus. Das fand ich beeindruckend, aber auch sehr beruhigend. Vor allem aber war die letzte Nacht eines – wirklich *strange*.

Der erste Schultag

»Ich hab Bauchschmerzen«, rief Ella durch die geschlossene Badezimmertür.

»Ich auch«, rief ich zurück. Das traf es allerdings nicht ganz. Mir war richtig schlecht, ich hatte Magenkrämpfe und Durchfall.

»Das kommt von der Aufregung«, versuchte ich sie und gleichsam mich selbst zu trösten, »heute Mittag ist das alles wieder weg. Glaub mir.«

Mein Spiegelbild blickte mir entgegen. »Ein schwacher Trost«, seufzte es.

Ich kannte dieses Gefühl. Es war wie Lampenfieber. Man fühlte sich so elend, dass man glaubte, sich gleich übergeben zu müssen. Der Körper fuhr alles auf: feuchte Hände, schwitzige Stirn, Herzklopfen, Bauchkrämpfe, Würgereiz, nahende Ohnmacht.

Ich lächelte mir selbst zu. Ich kannte meinen Körper gut, wusste, dass er nicht ernsthaft krank war, sondern einfach nur furchtbar aufgeregt. Sobald der Vorhang aufging und ich die Bühne des Klassenzimmers betrat, würde es ihm auch wieder besser gehen, das wusste ich. Also strich ich mir noch einmal die Augenbrauen zurecht, legte Puder auf, schwärzte meine Wimpern und war bereit für den ersten großen Auftritt in der Halligschule.

»Wie soll das überhaupt funktionieren mit so vielen verschiedenen Klassenstufen?« Ich hatte noch die zweifelnde und zugleich interessierte Stimme einer ehemaligen Kollegin im Ohr. »Differenzieren ist ja klar, aber ich meine, wie soll das in echt ablaufen? Hast du irgendwelche Pläne dafür? Gibt es Vorgaben? Wie machst du das?«

»Ich arbeite mit Tagesplänen oder vielleicht Wochenplänen. Jedes Kind bekommt seinen eigenen Arbeitsplan für den Tag. Ich halte Lerntheken bereit, Stationenlernen und Lernwerkstätten. Wir beginnen gemeinsam den Tag mit einem Begrüßungslied und teilen dann die einzelnen Aufgaben und Pläne aus. Es gibt eine gemeinsame Reflexionsphase und ein musikalisches Abschlussritual. So könnte es funktionieren.«

Das war jedenfalls mein Plan.

»Klingt super.« Meine Kollegin hatte anerkennend genickt. »Und, hast du schon das ganze Material für die Lerntheken und so?«

»Mhm, noch nicht ganz ...«

Die Neonlampen im Klassenraum gaben ein surrendes Geräusch von sich. Ich ließ das Licht lieber aus. Draußen war es bereits hell genug, und die Morgensonne ließ das Meer funkeln. Auf der großen Wandtafel prangte mit bunten Kreidestrichen »Herzlich willkommen«. Es waren zwei lange Tafeln von bestimmt vier Metern, die über ein Schienensystem hintereinander hoch- und runtergeschoben werden konnten. So etwas kannte ich bislang nur aus dem Hörsaal der Universität. Ella suchte sich einen Platz am Fenster aus. Tische und Stühle schienen aus zwei Epochen zu stammen. Es gab die klassischen alten grünen Holztische mit den passenden Holzstühlen, daneben standen moderne Tische mit Metallbeinen und hellen Tischplatten. Dazu gehörten bunte Drehstühle aus Plastik. Das Inventar schien in Etappen erneuert zu werden.

Ich schaltete das Radio ein. Auf dem Boden befand sich ein bunter Buchstabenteppich, in der Ecke lag zerknautscht ein großes Sitzkissen. Ein Ficusbaum kämpfte in einer anderen

Ecke ums Überleben. Alles wirkte ein wenig lieblos zusammengewürfelt. Ich seufzte. Ein Lernort sollte ein Wohlfühlort sein. Funktionsecken, Ruhezonen, Arbeitsplätze. Mein Blick sprang rastlos durch den Raum und fand keinen Halt. Classroom-Management, Feng-Shui in der Schule. Wo sollte ich beginnen? Ich entdeckte wertvolle Lernmaterialien, zwei Computer, Kinderbücher, Anschauungsmaterialien für den Biologie- und Geometrieunterricht, doch nichts hatte einen festen Platz. Es schien, als irrte alles umher. Haltlos. Hier würde ich beginnen. Ein Raumkonzept musste entwickelt werden, um Raum für Ordnung zu schaffen. Dieser Lernort sollte Orientierung und Halt geben. Ein großes Unterfangen, das auf die Schülerinnen und Schüler abgestimmt sein musste, die heute ihren ersten Schultag mit mir haben würden.

Ella und ich traten vor die Tür und hielten an der Warftkante erwartungsvoll Ausschau nach den anderen Kindern. Heute früh, als ich aufgewacht war, hatte der Himmel in Rot und Orange gebrannt. Es war atemberaubend gewesen. Mittlerweile schien die noch frische Sommersonne am wolkenlosen Himmel. Das Grün der Warften und Fennen spiegelte sich in Ellas Augen.

Von der Hanswarft her kamen die ersten Kinder auf ihren Rädern angefahren. Ich konnte sie nur verschwommen sehen, dafür aber umso deutlicher hören. Ihre Stimmen wurden vom leichten Wind bis zu uns getragen. Die Akustik auf der Hallig war ganz anders, als ich das vom Festland kannte. Es war, als stünden wir in einem gigantischen Konzertsaal. Über uns der blaue Himmel wie ein Flüstergewölbe. Als würden alle Geräusche an dieser Kuppel reflektiert und widerhallen, hörbar selbst in großer Entfernung.

Es waren erst drei Kinder aus der Grundschule, doch es klang fast nach einer Klassenstärke. Die älteren Schüler kamen teilweise im Elterntaxi oder etwas später mit dem Rad.

»Was sind das wohl für Kinder auf der Hallig?«, hatte meine Mutter gefragt, als ich ihr von unseren Umzugsplänen erzählt hatte.

»Bullerbü, Mama. Die sind bestimmt total lieb und kümmern sich alle umeinander. Die Großen helfen den Kleinen beim Lernen und zeigen ihnen, wie alles funktioniert. Wie das früher so war.«

Nun, den Jugendlichen, die da im Geschrei der Austernfischer die Warft hochschritten, hätte ich ebenso gut in Berlin-Kreuzberg begegnen können. Jelko hatte sich die zotteligen Haare zum Schulstart grün gefärbt. Eine Schülerin von etwa 14 Jahren, die mir schüchtern zunickte und sich als Ineke vorstellte, spielte unablässig mit dem Piercing in ihrer Lippe und war offensichtlich ebenso nervös wie ich. Neben ihr ging Gesche. Ihr honigblondes Haar hatte sie zu einem strammen Pferdeschwanz zusammengebunden, der bei jedem Schritt frech hin- und herwippte. Kurz bevor sie das Schulgebäude betrat, kontrollierte sie den Sitz des Pflasters auf ihrem frisch gestochenen Tattoo am Knöchel. Hinter den dreien liefen die Geschwister Bruns, Aukje und Nommen die Warft hoch. Sie waren auch erst vor Kurzem auf die Hallig gezogen und neben Ella und mir die anderen Neuen. Plötzlich kreischte Aukje auf. Nommen war an ihr vorbeigegangen und hatte ihr dabei offensichtlich eine Kopfnuss gegeben. Er brummelte irgendetwas, woraufhin Aukje ihm übelste Schimpfwörter hinterherbrüllte. Energisch schob sie ihre Brille mit den dicken Gläsern hoch und stapfte mit hochrotem Kopf an mir vorbei.

»Guten Morgen«, grüßte ich vorsichtig.

»Scheißmorgen«, brummte sie, ihr Sommerkleid, das ein wenig über dem Bauch spannte, bauschte sich kurz in einem Windstoß auf, dann war sie im Schulflur verschwunden.

Ich seufzte. Also, Bullerbü war das nicht.

Um kurz nach acht saßen wir schließlich im klassischen Stuhlkreis in der Mitte des Raumes. Zehn neue Gesichter, fünf Jungs, fünf Mädchen, dazu meine Ella. Neben seinem Bruder Jelko sah der aufgeweckte Broder winzig aus. Er startete jetzt im dritten Schuljahr. Seine Schnürsenkel waren offen, und er scharrte mit den Füßen auf dem Fußboden. Seine Finger spielten mit den Fäden seiner an den Knien aufgerissenen Jeans. Er strahlte mich an, während Ineke eher finster dreinschaute und sich mit ihren verschränkten Armen fest umklammert hielt. Neben ihr erprobte die Siebtklässlerin Gesche betont lässig die Dehnfähigkeit ihres rosafarbenen Kaugummis und sah dabei ebenso tiefenentspannt aus wie die als Pensionsvieh auf der Hallig urlaubenden braunen Milchkühe auf der Fenne jenseits des Schulgebäudes.

Ella, die neben Gesche saß, rückte ein Stück zur Seite und sah mich hilfesuchend an. Da begannen die Zwillinge zu kichern. Sie glichen sich bis in die Haarspitzen. Selbst die Sommersprossen, die das ganze Gesicht bedeckten, schienen absolut identisch zu sein. Bei einem glaubte ich, ein einzigartiges Grübchen wahrzunehmen, doch auch bei seinem Zwilling tauchte es auf, als sie sich anstießen und wieder kicherten. Wie sollte ich je erkennen, wer Bahne und wer Bente war? Doch je länger ich sie beobachtete, desto mehr beschlich mich das Gefühl, dass es die Jungs sowieso gar nicht im Einzelpack gab.

Aukje schaute verträumt aus dem Fenster und schien kaum etwas um sich herum wahrzunehmen. Sie drehte eine

Haarsträhne um ihren Zeigefinger und knibbelte mit der anderen Hand am Saum ihres Kleides herum. Bei dem herrlichen Ausblick konnte ich ihr das auch nicht verdenken. In zwei Tagen würde ihr jüngerer Bruder Enno eingeschult werden, zusammen mit einem weiteren Mädchen. Dazu kamen noch die zehnjährige Liv und ihre ein Jahr jüngere Schwester Leni, die beiden Enkeltöchter meines direkten Nachbarn Freddie. Ella hatte mit den beiden Mädchen schon mal beim gemeinsamen Schaukeln Kontakt aufgenommen.

Neben Aukje saß ihr zwölfjähriger Bruder Nommen und ließ eine gebührende Lücke zwischen beiden frei. Auch er hatte die Arme vor der Brust verschränkt, sein Blick aber war offen und interessiert. Immer wieder schielte er zu Jelko hinüber, der aber nahm wenig Notiz von ihm. Stattdessen klatschte er mit den Handflächen auf seine Oberschenkel und fragte laut: »Geht's nu los?«

Und ob es das ging.

Meine Schülerinnen und Schüler.

»Die Wilde 13«, dachte ich und lächelte.

»Schönen guten Morgen«, begrüßte ich sie. »Ich bin Frau Warda und lese gern.« Das Ganze pantomimisch ergänzend startete ich unser Kennenlernspiel. Jedes Kind musste die vorangegangenen Namen samt pantomimisch untermalter Freizeitgestaltung wiederholen, nach dem Prinzip »Ich packe meinen Koffer«. Am Schluss wollte ich alle wiederholen und mir so die Namen aller Schülerinnen und Schüler schnell sicher einprägen. Allerdings gestaltete sich dieses Spiel bereits recht irritierend. Während die Zwillinge mit ihrem Kichern für Unruhe sorgten, wand Ineke sich auf ihrem Stuhl und schien alles peinlich zu finden, und Gesche wollte sich gar nicht erst namentlich vorstellen, weil sie es für unnötig hielt. Kaltstart. So stolperte ich durch den weiteren Vormittag.

Die Tische hatte ich zu Gruppentischen zusammengestellt. Darauf lagen aus Pappe ausgeschnittene Luftballons, auf die ich die Klassenstufen geschrieben hatte. Es schien mir einfach praktikabel, wenn die Doppeljahrgänge, sprich Klasse eins und zwei, dann Klasse drei und vier und so weiter, zusammensaßen. Es sah freundlich aus. Schön bunt. Mit hängenden Schultern musste ich zusehen, wie die Kinder ihre altangestammten Plätze zurechtschoben und einnahmen. Das war wohl immer so.

Ich war die Neue. Sie schienen sich darin einig zu sein, dass sie mich das auch merken lassen wollten.

»Nun gut, fangen wir an«, sagte ich und zuckte mit den Achseln. Sie sollten sich wohlfühlen, also konnten sie vorerst sitzen, wo sie wollten. So konnten sie auf die Umgebung vertrauen. Es gehörte allerdings etwas mehr dazu, bis sie auch mir vertrauten.

»Hey, hello, bonjour, guten Tag«, sang ich und strahlte die Kinder aufmunternd an. Auch nach mehreren Wiederholungen war ich aber nach wie vor die Einzige, die sang. Ich blickte zu Ella hinüber, die jedoch angestrengt aus dem Fenster aufs weite Meer hinausschaute. Beschämtes Brummeln war wohl das höchste der Gefühle, das ich erwarten durfte. Überhaupt musste ich sehr schnell lernen, dass mein ständiges Gesinge den Kindern einfach auf die Nerven ging. Zumindest den Älteren. Wir einigten uns darauf, dass zumindest die Jüngsten mittags ein gemeinsames Abschlusslied sangen.

»Rituale sind wichtig für einen strukturierten Schultag. Sie geben Verlässlichkeit und Sicherheit sowohl für die Schülerinnen und Schüler als auch für die Lehrkraft. Sie müssen authentisch sein. Also probiere dich aus und finde deine eigenen Rituale, in denen du dich wohlfühlst.« Diesen Rat hatte ich einst meiner Referendarin mit auf den Weg gegeben.

Meine eigenen Rituale sind unter anderem Lieder. Zur Begrüßung, für die Bewegungspause, für den Abschluss des Tages. Sie bildeten einen wesentlichen Bestandteil meines Unterrichts. Das war ich, doch hier war mein leidenschaftliches Gesinge augenscheinlich fehl am Platz. Die Jugendlichen waren wenig begeistert von der Idee, mit dem Körper Buchstaben zum KiKA-*TanzAlarm* zu bilden oder Fingerspiele mit lustigen Liedchen zur Förderung der Feinmotorik zum Besten zu geben. Am peinlichsten berührt war offensichtlich Ella, deren Blick immer wieder verstohlen zu den jugendlichen Mitschülerinnen und Mitschülern huschte.

Ich gab mich geschlagen und beschloss, meine Gesangseinlagen bis auf Weiteres auf ein für alle akzeptables Minimum zu reduzieren.

»Okay, starten wir mit Stolperwörtern. Das sind Wörter in Sätzen, über die ihr stolpert, weil sie zu viel sind. Der Satz ergibt mit ihnen keinen Sinn«, sagte ich.

Broder starrte mich fragend an.

»Okay, ein Beispiel«, rief ich und schrieb einen Satz an die riesige Tafel: *Der Ritter reitet Turm ins Dorf.*

»Welches Wort ist überflüssig? Streiche es durch.«

Gesche atmete tief ein, erhob sich und ging gemessenen Schrittes zur Wandtafel. Sie strich demonstrativ das Wort *Turm* durch und setzte sich wieder. Ihr Blick sagte alles.

Ich grinste sie an und meinte: »Es fängt ganz leicht an. Auf dem Blatt, das ihr bekommt, sind sehr viele Sätze, die immer länger werden. Ihr habt maximal acht Minuten Zeit, so viele

Sätze wie möglich zu verbessern.« Ich zwinkerte Aukje zu und ergänzte: »Ihr müsst aber nicht alle schaffen.«

Also stellte ich den Timer auf acht Minuten, und los ging's. Jedenfalls bei einigen. Schnell konnte ich erkennen, dass es sowohl schnelle, sorgfältige als auch schnelle, oberflächliche Leser und Leserinnen gab. Aber vor allem sah ich Kinder, die sich alle auf eine Aufgabe konzentrierten.

»Es ist in jedem Satz nur ein Wort zu viel«, flüsterte ich Broder zu, der mit einem schwarzen Filzstift ganze Sätze auf seinem Blatt unkenntlich gemacht hatte. Er schnaufte und starrte auf die Buchstaben. Behutsam ging ich neben ihm in die Hocke, dabei knackten meine Knie. Erschrocken starrte Broder mich an.

»Das ist normal bei mir«, winkte ich ab. »Die knacken schon seit meiner Jugend. Tut aber nicht weh.«

Ich lächelte ihn aufmunternd an und zeigte auf sein Blatt.

»Lies mir den Satz mal vor«, bat ich leise. Er klopfte mit dem Stift auf die Tischplatte, der Stift entglitt seinen unruhigen Fingern und fiel auf die Erde. Umständlich hob er ihn auf und starrte wieder auf die Buchstaben.

»Fertig!«

Theatralisch knallte Jelko das Arbeitsblatt auf mein Pult und verließ den Klassenraum. Ich vermutete, dass er zur Toilette in den Keller ging. Umso überraschter war ich, als er draußen vor dem Fenster auftauchte, sich streckte und genüsslich in ein Sandwich biss. Am Türrahmen wehte missachtet das Toilettenschildchen, das ich am Vortag dort aufgehängt hatte, damit immer nur ein Kind während des Unterrichts den Abort aufsuchte, sofern es sich nicht auf die Pause verlegen ließ. Die anderen Kinder nahmen kaum Notiz von Jelkos selbstverordneter

Auszeit und lasen weiter in ihren Stolpersätzen. Ineke drehte das Blatt mehrmals um und schien verwirrt etwas zu suchen.

»Kann ich helfen?«, fragte ich und ging zu ihr hinüber. Sie legte das Blatt auf den Tisch und beugte sich tief darüber. Je näher ich kam, desto tiefer senkte sich ihr Kopf, bis er auf ihren Armen lag, das Arbeitsblatt darunter verborgen. Sie hatte zwar nicht den Raum verlassen, aber so wie sie dort zusammengekauert auf ihrem Platz lag, war sie weiter von mir entfernt als Jelko. Sacht zog ich mich vorerst wieder zurück.

Als ich am Nachmittag im leeren Klassenraum saß, betrachtete ich die Ergebnisse des ersten Schultags. Ich hatte erste Einblicke in die Lesekompetenz, Schriftproben, Kopfrechenergebnisse und mündliche Beiträge bekommen. Sie türmten sich vor mir auf. Es war, als würden sie sich in ihrer Vielfältigkeit vermehren, gleich einer Zellteilung zu einem immer komplexeren Gebilde werden, das mir nun erwartungsvoll, fast schon vorwurfsvoll gegenübersaß. Wo sollte ich ansetzen?

»Man darf nie an die ganze Straße auf einmal denken.«

Beppo Straßenkehrer aus Michael Endes *Momo* kam mir in den Sinn.

Schritt – Atemzug – Besenstrich.

Wenn ich alles zusammen vor mir sah, die Unordnung im Büro, den ungemütlichen Klassenraum, die noch fehlende Klassengemeinschaft, die fremden Schulfächer, das unbekannte Material, das breite Leistungsspektrum, die fehlende Methodik für diese Art Schule, die fremden Abläufe, die großen Erwartungen, die Post, die neue Umgebung, der Garten, die zurückgelassenen Freunde und Verwandten, lief ich Gefahr zu kapitulieren.

Beppo sagte, man fing an, sich zu beeilen. Immer mehr und mehr, und jedes Mal, wenn man aufblickte, war die lange Straße oder mein Berg immer noch vor mir. Und man strengte sich dann noch mehr an, kriegte es mit der Angst, weil man es nicht schaffte, war ganz aus der Puste und konnte nicht mehr. So durfte man es nicht machen.

Ich musste meinen Berg zerlegen, die Straße einteilen, Schritt für Schritt gehen, Stückchen für Stückchen erledigen. Nur an den nächsten Schritt denken, wegstreichen, atmen.

Schritt – Atemzug – Besenstrich.

»Dann macht es Freude«, sagte Beppo, und ich hoffte inständig, dass er recht hatte.

Mit Tesastreifen klebte ich das DIN-A3-Blatt an die Wand im Büro. Darauf, ganz im Stil von Hilbert Meyer, einem Oldenburger Pädagogikprofessor, eine Landkarte meiner Arbeit mit Themenbereichen, inhaltlichen Aufgaben und Baustellen. Ich wählte meinen ersten Schritt aus. Ziel sollte zunächst ein soziales Miteinander sein, damit sich überhaupt eine angenehme Lernatmosphäre entwickeln konnte. Außerdem musste die Einschulung geplant werden.

Schritt – Atemzug – und los.

Die Wilde 13

Mit großen Augen sahen mich die beiden Einschulungskinder an. Ihre kleinen feuchten Hände umklammerten die Schultüten. Ganz gleich, ob ein Kind in eine große oder kleine Schule, eine homogene oder gemischte Klassenstufe eingeschult wurde, jedes Kind war bei diesem Schritt ganz allein auf seinem eigenen Weg. Es ließ die Eltern zurück, es betrat die Schullaufbahn. Es wurde mit neuen Situationen und Herausforderungen konfrontiert. Es würde lernen, sich zu fügen, Gemeinschaft zu leben, sich zu behaupten und Kompromisse einzugehen. Es würde in einen weiteren Lebensbereich außerhalb der Familie eintauchen. Auch für diese beiden Kinder, Enno und Mara, begann heute der Ernst des Lebens.

»Annette war sehr froh. Nun hatte sie den Ernst ihres Lebens kennengelernt. Sie war erleichtert, dass der Ernst des Lebens so nett war. Und sie beschloss, sich von den Großen nie mehr Angst machen zu lassen«, las ich während des Einschulungsgottesdienstes auf der Kirchwarft aus dem Buch *Der Ernst des Lebens* von Sabine Jörg vor. Wir sangen gemeinsam, und ich betrachtete dabei die wunderschön verarbeiteten antiken Holzbänke aus dem 16. Jahrhundert. Sie waren aus einer längst untergegangenen Kirche hierhergebracht worden. In jedem Bild, in jeder Verzierung, in jedem Stein war das Meer allgegenwärtig. Unter den Holzbänken scharrten kleine Sandalen im Muschelsand. Tatsächlich war lediglich der Mittelgang mit Steinen ausgelegt. Unterhalb der Sitzbänke war Sand. So könne das Wasser bei einem extremen Landunter wieder abfließen, sollte es in die Kirche laufen, hieß es. Das klang schlüssig, war aber schwer vorstellbar. Eine Markierung am Ausgang zeigte allerdings den Wasserstand von 1962 im Kirchengebäude und verdeutlichte den Nutzen des durchlässigen Bodens.

Wir verließen die Kirche durch eine kleine Tür. Unwillkürlich atmete ich tief ein. Der Wind und die Sonne nahmen mich auf und machten mein Herz weit. Die Möwen schwebten über den kleinen Friedhof. Auch hier entdeckte ich das Meer in Verzierungen auf den Grabsteinen. Mein Blick schweifte über die Inschriften. Diedrichsen, Dell Missier, Ketelsen, von Holdt, Petersen, Boysen, Bandixen – alles Namen, die die Hallig seit Generationen prägten.

Wir verließen das Gelände durch das weiße Holztor und gingen die Warft hinunter. Dort standen vor einer großen gelben Kutsche eingespannt die beiden Kaltblüter Sultan und Kiara und warteten geduldig auf die plappernden und springenden Kinder. Meine Wilde 13 kletterte hinauf, schmückte die Kutsche mit selbst gemachten Wimpelketten, und los ging die Fahrt über die Hallig zur Schulwarft.

Ich bedankte mich noch einmal beim Kutscher und ging mit meiner nun kompletten Halligklasse die Schulwarft hinauf. In der kleinen Turnhalle, die sich im Obergeschoss der Schule befand, hatten wir ein kleines Kaffee-und-Kuchen-Buffet für die Familien der beiden Erstklässler bereitgestellt. Während wir unten im Klassenraum unsere erste gemeinsame Stunde hatten, warteten die Eltern dort, aßen Kuchen und rührten in ihren Tassen.

Zur Feier des Tages sang meine Klasse mehr oder weniger begeistert das Lied *Hallo, willkommen.* Für unseren ersten Jahrgang hatte ich einen kleinen Bewegungsparcours zum Erlernen unseres ersten Buchstabens A bereitgestellt. Mit haptischer

Vielseitigkeit folgten die zwei dem Bewegungsablauf der drei Striche, spurten mit dem Finger im Sand, mit der Kreide an der Tafel, mit den Füßen am Boden nach, benannten Bilder und wählten aus, welche mit dem neuen Buchstaben begannen, und malten emsig ihre ersten As ins Heft.

»Wann lernen wir denn lesen?«, fragte Enno und wischte sich mit seinem Ärmel über die kleine Stupsnase. Seine Wangen glühten. Er hatte den Parcours schon zweimal durchlaufen, während die kleine Mara sich Zeit ließ. Sie ließ die Kreide andächtig über die Tafel gleiten und schien hoch konzentriert. Enno hingegen hüpfte schon wieder über die Linien und fing an zu singen. Gesche schnaubte genervt und schloss ihr Mathebuch. Jelko stieg plötzlich in Ennos Gesang ein. Gesche rollte mit den Augen, aber die anderen fingen an zu kichern.

»Okay, ihr Lieben. Dann packt mal eure Schulsachen weg und kommt in den Halbkreis«, forderte ich die Kinder auf. Das ließen sie sich nicht zweimal sagen. Nach einigem Gerangel und Geschubse stand meine Wilde 13 vor mir.

»Mara und Enno, herzlich willkommen in der Halligschule. Dieses Lied ist für euch.«

Ich stimmte an, und nun fielen alle lautstark und ausgelassen in den Gesang mit ein.

»Alle Kinder lernen lesen ...«

Das dürften die Eltern im Obergeschoss auch gehört haben.

Ich hatte noch eine Überraschung für meine Klasse organisiert. Vor dem Schulgebäude wartete bereits Hajo für das Fotoshooting. Der leidenschaftliche Hobbyfotograf hatte sich an diesem Tag extra Zeit für uns genommen. Während wir seinen Anweisungen folgend posierten und in die Kamera lächelten, hörte ich aus den Reihen der Eltern verstohlen die Frage: »Wie lange ist sie jetzt hier? 'ne Woche? Wie hat sie das denn alles organisiert?«

Ich lächelte vor mich hin. Ja, wie hatte ich das gemacht? Nun, ich hatte die Initiative ergriffen, war ins Gemeindehaus marschiert und hatte mich nach einem leidenschaftlichen Fotografen auf Hooge erkundigt. Man nannte mir Hajo, also ging ich zu ihm und fragte ihn direkt.

»Moin, ich hab gehört, dass du tolle Fotos machst, da wollte ich fragen, ob du vielleicht Zeit und Lust hast, bei unserer Einschulung ein paar Bilder zu machen? Vielleicht so gegen halb elf, geht das?«

Ich strahlte mit der Sonne um die Wette, brachte meine Freude zum Ausdruck darüber, dass ich hier auf der Hallig sein durfte.

»Jo, kann ich machen.«

Ein kurzes Nicken, ein kurzes Lächeln, und die Sache war geritzt gewesen. Hier sabbelte man nicht lange rum. Man fragte, und dann war auch gut. Als Ammerländerin, die auf direkte Nachbarschaft mit den Ostfriesen groß geworden war, wusste ich um die Wortkargheit und den nordischen Humor. Alles war vertraut, und ich fühlte mich trotz meines Herzklopfens fast schon wie zu Hause.

Am Abend ging ich noch einmal in den Klassenraum. Nun waren wir also komplett. Es konnte losgehen. Wie intensiv das Unterrichten im ersten Schuljahr war, wusste ich nur zu gut. Ich dachte an Ennos strahlende Augen voller Neugierde und Tatendrang. Er wollte alles lernen, am liebsten im Vorbeirennen. Die Kinder fordern, nicht überfordern, aber auch nicht unterfordern. Es sollte genau richtig sein. Aber was machten die übrigen Schülerinnen und Schüler? Sollte ich sie die meiste Zeit sich selbst überlassen? Stillaufgaben und selbstgesteuertes Lernen einfordern? Auch sie brauchten Zuwendung, Erklärungsphasen, gemeinsame Erarbeitungsphasen, Ergebnissicherungen. Das war zunächst meine größte Herausforderung, und ich war gespannt, wie ich dieses Unterfangen in den Griff kriegen würde.

Ich war hier, ich war die Lehrerin auf Hallig Hooge.

Das gibt's nur auf Hooge

Der Wind zerzauste mir das Haar, das ich wie immer mit einer großen Klammer provisorisch hochgesteckt hatte. Auf der Hallig gab es keine Frisuren, es gab nur Haare. Grinsend griff ich in den Wäschekorb und zog ein feuchtes Frotteehandtuch heraus. Es würde vermutlich keine Stunde dauern, bis die Wäsche trocken war. Wie Fahnen flatterten die Stoffe im Wind. Mittlerweile wusste ich, dass es ab Windstärke fünf, sechs nicht ratsam war, seine nasse Wäsche rauszuhängen, insbesondere wenn sie schon etwas betagter war. Die zahlreichen Wäscheklammern hatten noch einige Baumwollfetzen fest im Griff gehabt, während sich der Rest des Bettbezugs zerrissen am Zaun verfangen hatte.

Auf der Fenne brüllten die Kühe. Sie hatten wohl Hunger. Mit meinem Wäschekorb auf die Hüfte gestemmt schlenderte ich hinunter zum Zaun und streckte die Hand aus. Meine Finger berührten die riesige Stirn der Schwarzbunten, und ich begann, das harte, kurze Fell zu kraulen. Die Kuh hielt ganz still und schien diese Berührung zu genießen. Eine zweite Kuh gesellte sich dazu und reckte mir ihren Schädel ebenfalls entgegen. Also stellte ich meinen Korb ab und begann, beidhändig zu kraulen. Schnell drängten sich weitere Rinder am Zaun. Sie bauten sich in einer Reihe vor mir auf und schauten mich mit ihren riesigen dunklen Kuhaugen erwartungsvoll an. Immer schneller bewegte ich meine Finger in kraulenden Bewegungen auf dem kurzen, harten Fell und sprang von Stirn zu Stirn, dass auch jede in den Genuss dieser Liebkosung kam. Da stand ich mit hochgekrempelten Ärmeln und streichelte Kühe im Akkord. Das hatte ich zuvor auch noch nie erlebt. Als meine Finger langsam schmerzten und mittlerweile auch so dreckig waren, als hätte ich in schwarzer Erde gegraben, nahm ich meinen Korb wieder auf und stieg die Warft hoch.

»Bis zum nächsten Mal, Mädels«, verabschiedete ich mich und musste mich schnell korrigieren. Auf der Fenne standen nicht nur Mädels. In einiger Entfernung stand der Herr des Hauses, ein behäbiger Bulle mit imposantem Gemächt, der unsere Wellnessaktion genau beobachtet hatte. Kälbchen, die viel zu ungeduldig waren, um sich anzustellen, tollten auf dem Gras herum. Die Herde machte auf unserer Hallig Sommerurlaub. Pensionsvieh, das hier die Sonne, den Wind und das grüne Gras genießen durfte. Sobald das Gras auf den Fennen wieder wuchs, begann die Saison. Es war wie ein Almauftrieb, nur dass hier die Rinder nicht auf Almen, sondern auf die Fennen getrieben wurden. Fennenauftrieb, wenn man so wollte. Wenn der Frühling ins Land zog, kamen sie in Viehtransportern mit der Fähre auf die Hallig und verließen sie erst wieder, wenn die ersten Herbststürme vor der Tür standen. Wenn das Pensionsvieh die Hallig verließ, war der Sommer bald zu Ende, doch bis dahin war es noch lang. Die Kälbchen tranken die Milch ihrer Mütter und mussten sich nicht mit Milchpulver abspeisen lassen. Alle blieben zusammen. Wen wunderte es da, dass sie so zufrieden und zutraulich waren. Sie hatten sogar anstatt nur ihrer Markennummern alle Namen, die ich mir aber im Gegensatz zu anderen Halligbewohnern nicht merken konnte.

Zurück im Haus stolperte ich über die Müllsäcke, die ich noch unten an die Warftkante legen musste. Einmal in der Woche wurden auf Hooge die Müllsäcke eingesammelt, zumindest im Sommer. Dann kam ein Trecker mit Anhänger und sammelte sie ein. Mülltonnen wären mir deutlich lieber gewesen, doch in Ermangelung eines Müllabfuhrwagens sammelte man hier alles in stabilen Plastiktüten. Verpackungen landeten in gelben und Restmüll in schwarzen Beuteln. Kopfschüttelnd steckte ich auch das Altpapier in grüne Säcke aus Plastik. Wo hatte ich denn nun wieder das Strohband? Die Säcke mussten gut zugeschnürt werden, das wurde mir ziemlich schnell gesagt, weil ich sie ursprünglich lediglich verknotet hatte.

»Dat hält nich!«

Schließlich musste ich noch das Altglas entsorgen und fuhr damit zur Schleuse, wo die Container standen. Eine Weinflasche, noch eine Weinflasche ... mhm, mein Weinkonsum war irgendwie gestiegen. Dabei trank man hier eher mal kühles Pils. Da hätte ich auch Pfandflaschen und weniger Altglas. Doch manchmal musste man ja auch dem Klischee der Lehrerzunft gerecht werden. Ich trank aber auch viel Tee, nur entstand dabei ja kein Altglas.

Ich sprang wieder ins Auto. Als ich losfahren wollte, tat sich der Wagen schwer, und ich bemerkte, dass ich die Handbremse angezogen hatte. Mit eingezogenem Kopf löste ich sie und hatte die Warnungen meines Nachbarn Freddie – eines waschechten Hooger Urgesteins – im Ohr:

»Nie die Handbremse hier anziehen. Die frisst sich ruckzuck fest.«

Und es waren nicht nur die Handbremsen, die sich auf diesem Eiland mitten im Meer festfraßen. Die Luft war so feucht, dass man den Dingen beim Rosten zuschauen konnte. Ich dachte an die Gartengeräte hinterm Haus. Auf einem

Kunsthandwerkermarkt könnte man sicherlich stolze Preise dafür erzielen. Echte Originale und unverfälschte Patina.

Langsam fuhr ich an der Kirchwarft vorbei. Eine Kutsche stand am Straßenrand. Die großen Pferde standen ruhig davor und zuckten mit den Ohren.

»Moin!«, rief ich und winkte dem Kutscher zu. Er grüßte zurück und lachte. Es war Samstag, und zahlreiche Touristen schoben sich die Warft hoch, um die Kirche zu besichtigen. Auch auf der Hanswarft wuselte es wie auf einem Ameisenhaufen. Ich bahnte mir meinen Weg Richtung Halligkaufmann und schaute vorher noch schnell bei Geertje vorbei.

»Moin! Na, alles gut?«

»Moin! Jau.« Geertje gab gerade Wechselgeld an eine Kundin raus und lächelte mich an.

»Sag mal«, meinte sie und kam näher an mich heran, »kann es sein, dass du bald Geburtstag hast?« Sie legte den Kopf schief und grinste mich von unten an.

»Ja!« Ich grinste zurück.

»Darf man kommen?«, fragte sie.

»Gern.«

»Gut. Dann kommen wir.« Sie klatschte lachend in die Hände.

»Entschuldigung, haben Sie das Shirt auch in Größe XL?«, fragte eine Kundin.

»Ich geh dann mal«, sagte ich und verließ den kleinen Laden.

»Wir kommen«, hatte sie gesagt. Wer würde das wohl alles sein? Wo würden wir sitzen? Was sollte ich servieren? Kuchen am Nachmittag oder eher Snacks am Abend? Und wie viel?! Es sollte genug sein, aber auch nicht zu viel übrig bleiben. Wie konnte ich denn so was planen? Ich spürte eine leichte Nervosität. Dabei war es ganz einfach auf der Hallig. Die Menschen wurden gar nicht eingeladen, höchstens ausgeladen. Sie kamen einfach im Lauf deines Festtages. Du hattest Kekse, vielleicht Kuchen, ein paar Snacks sowie Tee und Kaffee im Haus. Wohl auch ein Bierchen oder Wein, wer mochte, trank auch Köm oder Teepunsch. Und wer kam, der kam. Ganz einfach. Nervös war ich trotzdem.

Nach dem Einkauf setzte ich mich wieder ins Auto. Der Anschnaller meines Gurtes steckte wie immer schon im Gurtschloss, und ich setzte mich einfach auf den Gurt. Eine Nachlässigkeit auf der Hallig, die ich mir schnell angewöhnt hatte. Auch wenn hier Recht und Ordnung herrschten, gab es doch ein paar Kleinigkeiten, ein paar Freiheiten, die man sich gern herausnahm.

Ich war gerade dabei, meinen Einkauf zu verstauen, da klopfte es an der Tür. Kurz darauf standen Jelko und Ineke im Flur.

»Moin!«

»Hallo, ihr beiden.«

»Wir wollten rundsagen, dass vorgestern Hilde im Alter von 84 Jahren gestorben ist und dass die Beerdigung am Mittwoch ist.« Ineke schaute von ihrem Notizzettel auf, den sie in ihren Händen knetete.

»Okay. Danke.« Ich hatte keine Ahnung, wer Hilde war und warum die zwei mir das sagten. Dennoch zeigte ich Betroffenheit und fragte: »Wann ist die Beerdigung denn?«

»Wenn die Fähre da ist.«

»Alles klar. Danke schön.«

Eine kurze verlegene Pause trat ein, dann machten sich die beiden wieder auf den Weg.

Ella war zum Spielen bei Aukje auf der Hanswarft. Ich hatte für den Rest des Tages nichts weiter vor und beschloss, Emma auf der Nachbarwarft zu besuchen. Der Wind blies in sanften Böen aus Südwest und kühlte meine Wangen.

Auf dem Weg zur Lorenzwarft kam mir mein Nachbar Freddie mit dem Trecker entgegen und grüßte fröhlich. Liv und Leni hockten hoch oben bei ihm auf dem Treckerbock, winkten und strahlten um die Wette. Doch ein bisschen Bullerbü.

In Emmas Garten duftete es nach Rosen und Lavendel. Lächelnd schritt ich den kleinen Weg zum Haus entlang und bestaunte die Farben. Emma lebte allein in einem kleinen, weiß getünchten Haus mit Reetdach, einer sogenannten Kate. Ihre Kinder waren erwachsen und lebten auf dem Festland. Wie viele andere Halligbewohner vermietete Emma Ferienwohnungen, die sich im Nachbargebäude befanden.

Sie stand bereits an der Klöntür und winkte mir zu. Bei diesen Türen konnte man die obere Hälfte des Türflügels öffnen, während die untere Hälfte verschlossen blieb. Solche Türen waren früher besonders in ländlichen Gegenden üblich. Man konnte oben mit den Nachbarn klönen, und die Barriere unten sorgte dafür, dass kein Vieh rein- oder rausschlüpfte. Und wenn man den Nachbarn besonders nett fand, wurde die ganze Tür geöffnet und zum Teepunsch eingeladen. Emma und ich waren Meisterinnen im Klönen, und sie war mir in der kurzen Zeit auf der Hallig schon sehr ans Herz gewachsen. Das erste Mal waren wir uns auf dem Sommerdeich begegnet. Sie war gerade mit ihrem Hund Odin, einem zotteligen Mischling mit ausgeprägtem Temperament, spazieren gewesen, als ich aus dem Watt kam. Groß und aufrecht hatte sie auf dem Steindeich gestanden. Sie schien selbst zu leuchten, als sich das goldene Licht der Abendsonne auf sie legte.

»Moin, Frau Lehrerin, ich bin Emma.«

Wir saßen an diesem Abend noch lange auf einer Bank und unterhielten uns. Als das Meer langsam zurückkam und es Zeit wurde, nach Hause zu gehen, hatten wir uns angesehen und gewusst, dass auch wir zurückkommen würden, um uns wiederzusehen.

Mit einem Becher Kaffee saßen wir jetzt draußen im Strandkorb und schauten aufs Meer. Einzelne Strähnen hatten sich aus Emmas geflochtenem Dutt gelöst und strichen um ihr Gesicht.

»Heute waren Jelko und Ineke bei mir«, sagte ich und rührte in meiner Tasse.

»Ja, wegen Hilde«, meinte Emma.

Sie schaute auf das weite Wattenmeer, und in ihren grauen Augen spiegelten sich die Wolkentürme, die heute den Himmel bevölkerten. Sie lebte schon lange auf der Hallig, hatte hier als Urlauberin ihre Liebe gefunden. Und auch als sie und ihr Partner sich entliebt hatten, war sie hier hängengeblieben.

»War Hilde ihre Oma?«, fragte ich.

Emma lachte.

»Nein. Hilde kommt von der Ockenswarft. Die zwei haben rundgesagt.«

Fragend blickte ich sie an, und sie fuhr fort: »Hier auf der Hallig ist es Brauch, dass die Jugendlichen, in der Regel Konfirmanden, von Warft zu Warft und Haus zu Haus gehen, um alle über bestimmte Ereignisse zu informieren. Rundsagen nennen wir das.«

»Hildes Tod und Beerdigung.«

»Ja, genau. Aber auch, wenn ein Kind geboren wird. Dann werden die Eckdaten mitgeteilt wie Mädchen oder Junge, Größe, Gewicht und so weiter.«

»Irgendwie ein schöner Brauch, dass die Jugendlichen persönlich rumkommen. Da kann man auch immer eben schnacken.«

»Stimmt. Außerdem bekommen die Jugendlichen auch etwas dafür. Bisschen Geld oder was zu trinken oder Naschis.«

»Oh, ich habe ihnen gar nichts gegeben«, rief ich entsetzt.

»Nicht schlimm«, meinte Emma, »das konntest du doch nicht wissen. Kriegen ja auch nicht überall was. Muss auch nicht. Mach dir keinen Kopp.«

Wir tranken einen Schluck Tee und schauten auf den Horizont.

»Obwohl«, hob Emma noch mal an, »früher war es wohl so, dass die Jugendlichen beim Rundsagen einer Geburt für ein Mädchen eine Mark und für einen Jungen zwei Mark bekommen haben.«

»Tatsächlich?«, sagte ich gedehnt, und wir schüttelten die Köpfe und grinsten einvernehmlich. Es war wunderbar, mit Emma auf Hooge jemanden zu haben, mit dem ich mich so gut verstand.

Bei der Beerdigung ein paar Tage später trafen sich die Halligbewohner am Anleger und warteten auf die Fähre Hilligenlei. Der Sarg wurde in einen stilvollen Leichenwagen geschoben. Ein Oldtimer, der anscheinend seit Ewigkeiten hier auf der Hallig das letzte Geleit gab. Der Trauerzug, angeführt von Jelko und Ineke mit großen Kerzen in den Händen, bewegte sich vom Anleger bis zur Kirchwarft. Ich saß dort in der kleinen Kirche. Es war irgendwie komisch, auf einer Beerdigung eines Menschen zu sein, den man zu Lebzeiten gar nicht gekannt hatte. In der Funktion der Halliglehrerin fand ich es aber anständig, dabei zu sein.

»Dat harr uns Hilde belävt …«, erklang die Stimme der Pastorin, und sie erzählte davon, wie Hannes um Hildes Hand angehalten und Hildes Vater ihn vom Hof gejagt hatte.

»De döggt nix«, hatte er wohl gebrüllt, »de schall sik trüch noh Backenswarft scheren!«

Und wir durften noch einmal miterleben, wie Hilde ihre Kinder hier auf der Hallig bekam und wie sie mit ihrem Hannes Ferienwohnungen ausbaute.

»Wi wulln je nich blots knüppeln, sunnern ok wat vun't Leben hem«, hatte sie wohl oft gesagt und ihre Worte stets mit einem Schluck Köm, dem hier so beliebten und traditionellen Aquavit, bekräftigt.

Wir lachten und seufzten und sangen *Dat du mien Leevsten büst,* jenen niederdeutschen Klassiker, der hier bei vielen Feierlichkeiten angestimmt wurde. Und als Hilde schließlich in die Erde hinabgelassen wurde, war sie mir so vertraut, als hätte ich sie doch gekannt. Ich glaubte, das machte auch die plattdeutsche Sprache.

Dat du mien Leevsten büst
Dat du woll weeßt,
Kumm bi de Nacht, kumm bi de Nacht
Segg wo du heeßt.

Von Stundentafeln und Klassenbüchern

»Ich bin fertig«, sagte Gesche und stand erwartungsvoll vor mir.

»Die Aufgaben im Buch?«

»Fertig.«

»Und der Übungszettel?«

»Auch fertig.«

Ich stand bei den Dritt- und Viertklässlern und war gerade dabei, Vokabeln neu einzuführen. Nun suchte ich händeringend nach sinnvollen Aufgaben für meine Siebtklässlerin, die auf ihren Füßen wippend vor mir stand. Aus dem Augenwinkel sah ich eine Federmappe durch den Raum fliegen. Auch den Großen schien das konzentrierte Arbeiten abhandengekommen zu sein. Sollten sie gerade rechnen? Oder hatte ich ihnen eine Schreibaufgabe gegeben? So wenig Schülerinnen und Schüler in einer Klasse, das war ja ein Traum. Darüber konnte ich nur müde lächeln. Ja, nur 13 Kinder – aber sieben verschiedene Jahrgangsstufen gleichzeitig und dann mit verschiedenen Fächern. Wie sollte das bloß funktionieren?

Ich zog eine Kiste mit Freiarbeitsmaterial aus dem Regal. Meine Fingerspitzen strichen über den grünen Klebepunkt auf dem Holz. Was für ein schwerwiegendes Zeichen dies einst gewesen war. Als meine ehemalige Grundschule aufgrund der Schließung zu Grabe getragen wurde, markierten diese Punkte in verschiedenen Farben Inventar und Material. Jeder Empfänger verfügte über einen anderen Farbton. Eine grüne Brandmarkung verdeutlichte, dass das Material vorerst in unserem Besitz verblieb. Der Rest wurde nach und nach davongetragen. Damals fühlte es sich ein wenig wie Leichenfledderei an. Einiges war am Ende dann einfach übergeblieben und mit mir in die Halligschule gezogen.

Am Abend saß ich wieder am Schreibtisch im Büro. Draußen war es längst dunkel geworden, und ich brütete über einem sinnvollen Stundenplan. So, wie es im Moment organisiert war, funktionierte es einfach nicht. Die verschiedenen Stundenzahlen konnte ich leicht arrangieren. Die Erst- und Zweitklässler hatten täglich in den ersten vier Stunden Unterricht und kamen so auf ihre zwanzig Wochenstunden. Die Dritt- und Viertklässler blieben immer bis zur fünften Stunde und an einem Tag auch bis zur sechsten. Die nächsten zwei Jahrgangsstufen hatten täglich sechs Stunden, und die Großen hatten mit 32 Stunden pro Woche an zwei Tagen sogar sieben Unterrichtsstunden. Ich selbst hatte allerdings lediglich 27 Unterrichtsstunden, was ein erstes Dilemma hervorrief. Glücklicherweise wurde seit diesem Schuljahr eine Lehrkraft vom Festland mit einer halben Stelle an die Halligschule abgeordnet. Also waren wir an zwei Tagen zu zweit. Damit ließ sich doch planen. Die nächste Schwierigkeit aber wurde angesichts der unterschiedlichen Fächer in den zwei Schulformen sowie der vorgeschriebenen Anzahl der Fachstunden deutlich. Alle hatten Mathematik, Deutsch und Sport. Die Fächer konnte ich schon mal parallel legen. Das Papier, auf dem ich den Stundenplan notierte, war bereits ganz dünn und flusig vom vielen Radieren. Heimat- und Sachunterricht wurde für die Jüngsten drei Stunden unterrichtet, die älteren Grundschulkinder hatten aber fünf, und in der Gemeinschaftsschule gab es dafür die Fächer Naturwissenschaft und Weltkunde. Passte ja irgendwie. Nebenbei bemerkt hatte ich bis dahin noch nie Sachunterricht gegeben und verfügte dort noch über ein klägliches Halbwissen. Über Naturwissenschaft und Weltkunde musste ich gar nicht erst nachdenken. Hier konnte ich den Kollegen vom Festland einspannen. Welch ein Glück! Wieder radierte ich, denn zweimal in der Woche musste ich den Englischunterricht der Großen berücksichtigen, der mit einer Kieler Kollegin über E-Learning als Videokonferenz am Computer stattfand. Aber nicht alle gleichzeitig, das wäre wohl zu einfach gewesen. Es gab drei Gruppen. Die *juniors* begannen um acht Uhr, wurden von den Fortgeschrittenen vierzig Minuten später abgelöst, und zum Schluss saßen die *seniors* mit Headset vorm Bildschirm, was während der Pause ablief. Was machten die übrigen Kinder der Klasse in der Zeit, ohne die Konferenz zu stören? Ich stutzte. Wieder fehlte auf dem Stundenplan eine Stunde Musik. Meine Hand ballte sich und drohte den Bleistift zu zerbrechen. Mit der linken Hand griff ich das Papier und zerknüllte es. Kopfschüttelnd sah ich aus dem Fenster und musste lachen. Große Schulen nutzten ein Stundenplanprogramm, gaben alle Parameter in den Computer ein und ließen sich Stundenpläne ausarbeiten, die dann nur noch auf ihre Praktikabilität kontrolliert werden mussten. In meiner ehemaligen Grundschule hatte es dieses Programm nicht gegeben, aber das System, das meine Schulleiterin dort genutzt hatte, gefiel mir noch viel besser. Wir trafen uns damals zum Ende der Sommerferien. Sie stand vor meiner Haustür, eine Styroporplatte unter dem Arm und mit verschiedenfarbigen Stecknadeln bewaffnet. Jede Lehrkraft hatte eine eigene Farbe, und wir begannen, die Nadeln in die

Felder des Wochenstundenplans zu pinnen, bis alle Stunden, Fächer und Räume stimmig gewesen waren.

Schade nur, dass ich dieses System hier nicht nutzen konnte. Ich hätte lediglich 27 Pins in meiner Lieblingsfarbe, und dann? Für meine Parameter brauchte ich ein ganz neues System. Vielleicht sollte ich gänzlich auf einen Stundenplan verzichten. Wäre das möglich? War das nicht ursprünglich meine Idee gewesen? Jedes Kind bekam seinen eigenen Arbeitsplan für den Tag? Dann hätte ich 13 nebeneinanderher arbeitende Kinder. War das eine attraktive Lösung?

Seufzend raffte ich die Infoblätter zum Stundenkontingent und die Fächertafeln zusammen und ging runter in den Klassenraum. Das Licht flammte auf. Mit einem tiefen Atemzug machte ich mich an die Planung für den nächsten Tag. Vor mir aufgeschlagen lagen die Mathebücher der Gemeinschaftsschülerinnen und -schüler.

»Okay, nichts leichter als das«, machte ich mir Mut und schlug die jeweiligen Seiten auf. Nach etwa einer Stunde blickte ich auf und sah mein Spiegelbild in der schwarzen Fensterscheibe.

»Du siehst echt müde aus.«

Die Mathestunde für den nächsten Tag stand so weit. Ich würde mich mit Diagrammen, rationalen Zahlen, Bruchrechnen und Strahlensätzen beschäftigen. Erklärungsphasen wechselten aufeinander abgestimmt mit selbstständigen Erarbeitungsphasen. Das müsste funktionieren. Jetzt stellten sich nur noch die Fragen: Was machte ich mit den Grundschulkindern in der Mathestunde, und was um alles in der Welt passierte in den restlichen fünf Unterrichtsstunden des Tages? Die Uhr zeigte kurz vor Mitternacht, und ich wollte nur noch schlafen.

Am nächsten Morgen war ich immer noch müde und unvorbereitet, was ich hasste. Ich brauchte einen klaren Ablauf, einen Plan mit Etappenzielen, Zeitfenstern und Ritualen. Diese Sicherheit verschaffte mir Ruhe, um innerhalb des Tagesablaufs auch flexibel handeln zu können. Heute fehlte mir dieser Halt, und ich stolperte in den Schultag. Ella wollte nicht aufstehen. Sie klagte über Bauchschmerzen und Übelkeit. Ich sah ihr in die Augen und spiegelte mich darin. Ich hielt sie eine Weile im Arm und entschuldigte sie für den Tag. Am liebsten hätte ich mich dazugelegt.

Doch auch heute öffnete ich lächelnd die Schultür. Wenn meine Muskeln beim Grinsen nur stark und lange genug auf die entsprechenden Nerven drückten, würde ich mein Gehirn überlisten können. Mein Hirn würde denken: »Oh, glücklich, Endorphine freisetzen.«

Als ich dies das erste Mal in einer Onlinevorlesung von Vera Felicitas Birkenbihl gehört hatte, hatte ich skeptisch den Kopf geschüttelt. Doch nach zahlreichen erfolgreichen Anwendungen hörte ich mir auch noch weitere Vorlesungen von ihr an und bedauerte sehr, dass sie nicht mehr unter uns weilte. Sie war eine Managementtrainerin und Sachbuchautorin. Schon ihr Name hatte mich begeistert. Vera bedeutete die Wahre, und Felicitas war das Glück. Welch ein fantastisches Geschenk, einem Menschen diesen Namen mit auf den Weg zu geben. Sie wusste um das Geheimnis, Stress und Ärger zu vertreiben. Es war ganz einfach, im Grunde genommen. Glückshormone.

Die Produktion meiner Glücksgefühle war auch heute in vollem Gange, und ich wünschte allen einen wunderschönen guten Morgen. Wider Erwarten entpuppte sich dieser Freitag als ein gelungener Schultag ohne besondere Vorkommnisse, und ich war froh über das Repertoire an Methoden und Ideen, mit denen ich den Schulalltag mittlerweile bereichern konnte. Nun saß ich am Pult im Klassenraum und starrte auf das Klassenbuch. Es war bereits die zweite Version, die ich entworfen hatte. In der klassischen Ausgabe trug die Lehrkraft beim jeweiligen Tag vorn die Unterrichtsfächer ein und in der Zeile dahinter kurz den Inhalt der Stunde. Das erwies sich als schier unmöglich, da bereits in der ersten Spalte zu wenig Platz war, um mehrere Unterrichtsfächer in ein Feld einzutragen. Für die Inhalte hätte ich dann ein Vielfaches an Zeilen gebraucht. Die aktuelle Version hingegen führte in der ersten Spalte die Namen der Kinder auf. Dahinter wollte ich für jede Stunde den Inhalt notieren, aber kam wieder mit den unterschiedlichen Fächern innerhalb einer Unterrichtsstunde ins Schwimmen. Das war irgendwie auch nicht praktikabel. Außerdem war das unglaublich viel Papierverbrauch, da auf eine Seite nur ein Tag passte. Seufzend legte ich den Ordner zur Seite. Darum würde ich mich am Wochenende kümmern. Jetzt wollte ich erst einmal rübergehen und mit Ella Mittag essen.

Am Nachmittag gingen wir am Deich spazieren. Der Wind zauste uns wütend die Haare.

»Schule ist einfach scheiße!«, schimpfte Ella vor sich hin und sah zornig auf den Horizont. Schon auf dem Festland hatte ihr die Schule wenig Freude bereitet. Häufig langweilte sie sich, konnte sich für kaum etwas begeistern. Mühelos lernte sie Rechnen, Schreiben und Lesen, und dennoch war sie unmotiviert und lustlos. Auch ich sah auf den Horizont. Eine Möwe stieß hinab. Tauchte mit hartem Flügelschlag ins Wasser. Mit leerem Schnabel stieg sie wieder in die Luft.

»Fehlschlag«, dachte ich. Wie sehr hatte ich gehofft, dass ich Ella als Lehrerin motivieren, ihre Lernfreude wecken und ihren Bedürfnissen und Interessen im Lernprozess gerecht werden würde. Sie sprang vom Steindeich.

»Ich hab keinen Bock mehr. Ich geh zurück.«

Ich sah ihr nach, wie sie mit harten Schritten den Weg durch die Fennen zurück zum Haus stapfte. Über mir lachte eine Möwe. Ich drehte mich zum Meer. Von Westen her tobte der Wind über unsere Hallig und schäumte das Wasser auf. Als hätte der Wind einen Zugang zu meinem Inneren gefunden, spürte ich das Schäumen auch in mir.

»Fehlschlag!«, dachte ich wieder. Alles, was ich gelernt hatte für meinen Beruf, alles, was guten Unterricht ausmachte und was ich verinnerlicht hatte, schien hier nutzlos und unbrauchbar. Am Boden lag ein Stück Holz, das die Flut liegen gelassen hatte. Ich hob es auf. Phasen für eine Unterrichtsstunde planen, einen motivierenden Einstieg, eine entdeckende Hinführung, Erarbeitungsphasen, abschließende Sicherungen der erlernten Kompetenzen – unbrauchbar. Ich schleuderte das Stück Holz ins Meer und griff mir als Nächstes einen Stein, der vor mir lag. Rituale zur Auflockerung, sogenannte Energizer – nutzlos. Der Stein flog in hohem Bogen. Es knackte in meinem Arm. Fachkompetenz – dass ich nicht lachte. Ich ging in die Hocke. Es lag nichts mehr herum, was ich hätte werfen können. Der Wind wollte mich umschubsen, doch es gelang ihm nicht. Ich stand auf und schleuderte meine Worte aufs Meer: »Das ist der letzte Job in einer Schule, den ich machen werde!«

Sicherlich wäre es an dieser Stelle gut gewesen, Unterstützung zu suchen. Doch ich stand dort stolz und trotzig. Ich würde es schon hinkriegen.

Als ich spät am Abend wieder am Schreibtisch saß, fasste ich einen Entschluss. Ich würde mich weiter an meiner Landkarte orientieren und Stück für Stück vorankommen, zeitgleich würde ich sie entwickeln – die Mappe. Ein Handbuch für Halliglehrkräfte, die wie ich ganz allein mitten in der Nordsee in einer Halligschule unterrichten sollten und trotz dieser besonderen Umstände den Landesvorgaben und Erwartungen gerecht werden mussten. Wenn ich irgendwann die Hallig verlassen würde, sollte meine Nachfolgerin oder mein Nachfolger es leichter haben. Sie oder er würde ein geordnetes Büro betreten, und mitten auf dem Schreibtisch würde sie liegen, die Willkommensmappe. Sie oder er würde alle Kontakte und ihre Funktionen für das Schulgeschehen vorfinden. Die organisatorischen Abläufe stünden chronologisch geordnet bereit. Alle Lieferanten mit Kontaktdaten und Kundennummern. Vorgehensweisen zur Erfassung der Statistik, Umgangsweisen mit Schulträgern und Ämtern wären als Anregung vorhanden. Vorlagen zur Dokumentation in blanko und eine Beispielversion lägen bereit. Sie oder er hätte einen Leitfaden, müsste nicht so lang schwimmen und könnte gleich starten. Willkommen in der Halligschule!

Wie schön, dass du geboren bist

Das Telefon im Schulbüro klingelte, doch es war Samstagmorgen, und ich blieb einfach liegen. Es war so schön warm hier unter meiner Bettdecke, und an diesem besonderen Tag durfte ich mir diese kleine Faulheit gönnen. Aus der Küche im Untergeschoss vernahm ich emsiges Treiben. Schubladen wurden auf- und zugezogen, Tassen klapperten, Besteck klirrte.

Ella rief laut: »Fertig, Mama!«

Sie klang aufgeregt. Na, dann mal los. Ich zog mir eine Jeans über und schlüpfte in meine Hausschuhe.

Als ich die Küche betrat, begann Ella zu singen: »Happy birthday to you ...«

Auf dem Tisch standen zahlreiche brennende Teelichte in der Form einer 44.

»Wunderkerzen habe ich keine gefunden«, meinte Ella und ließ bedauernd die Schultern hängen.

»Nein, Süße, wir haben hier leider keine«, antwortete ich und zeigte auf den Tisch, »das sieht ganz wunderbar aus. Ich danke dir, mein Schatz.«

In unserer Familie wurde das Geburtstagskind egal welchen Alters immer von den übrigen Familienmitgliedern mit Gesang und Wunderkerzen geweckt und dann zum Geburtstagstisch begleitet. Dort standen dann die Kerzen und Geschenke.

Ella strahlte und übergab mir eine Zeichnung. Darauf war ein Haus auf einer Warft zu sehen, daneben zwei Menschen, die einander an den Händen hielten. »I love you Mama« stand darüber. Ich lächelte und spürte, wie mir Tränen in die Augen stiegen.

Sie war meine Jüngste, mein Küken. Wie viele solcher Geburtstagsmorgen hatte ich mit meinen drei Töchtern schon erleben dürfen. Wie viele Male durfte ich die strahlenden Augen, die aufgeblasenen Wangen, die zarten Lippen beim Auspusten der Kerzen sehen. Und mit jedem weiteren Jahr staunen, dass meine Mädchen größer wurden, wie sich ihre Gesichtszüge änderten, wie sie wuchsen und schließlich erwachsen waren. Ob sich die beiden Großen heute melden würden?

»Komm, wir frühstücken«, rief Ella und setzte sich an den Tisch.

Ich pustete die Kerzen aus und schloss die Augen.

»Was hast du dir gewünscht?«, fragte Ella.

Ich zwinkerte ihr zu. »Das darf man nicht verraten, sonst geht es nicht in Erfüllung.«

In dem Moment erklang der Benachrichtigungston meines Handys, und ein erster Geburtstagsgruß erreichte mich, dem noch viele weitere folgten.

Das Wetter war herrlich. Der blaue Himmel strahlte und spiegelte sich in den Prielen und Gräben wider. Wir lagen auf einer Wolldecke mitten auf der Warft und schauten in den Himmel. Große weiße Wolken trieben über uns und veränderten ihre Form.

»Guck mal, ein Dino«, rief Ella und streckte den Arm hoch in die Luft. Sie nahm sich noch einen Keks aus der Packung und knabberte genüsslich daran.

»Und da ist ein Pferd, siehst du das?«, fragte ich und zeigte nach links. Ich wusste nicht, wann ich das letzte Mal den Wolken beim Fliegen zugeschaut hatte. Wir lagen da und ließen einfach die Zeit verstreichen, genossen das Wetter und aßen Kekse. Meine nackten Füße spürten das harte Gras der Warft, und hoch über unseren Köpfen zogen Möwen dahin. Irgendwann entschloss Ella sich, schaukeln zu gehen. Ich lag allein und konzentrierte mich auf meinen Atem. Meine Augen waren geschlossen, und langsam dämmerte ich dahin mit einem breiten Lächeln auf dem Gesicht.

Gegen vier kam Geertje zusammen mit Gesches Mutter Sanne und einer Frau, die sich als Trine vorstellte. Sie gratulierten mir herzlich, und Geertje drückte mir Bonbons und ein Buch über Hooge in die Hand. Sanne schenkte mir eingelegte Birnen und selbst gemachte Marmelade. Trine gab mir die Hand und sagte: »Schön, dass du da bist.« Sie lächelte und überreichte mir eine Sonnenblume.

Wir setzten uns auf die Terrasse. Stolz trug ich meinen selbst gebackenen Apfelkuchen nach draußen. Eigentlich hatte ich vorgehabt, einen Käsekuchen zu backen mit der Backmischung von Dr. Oetker. Der schmeckte einfach hervorragend und war mit ein wenig Baiser obendrauf ein echter Hochgenuss. Aber auf Hooge gab es keine Backmischung für Käsekuchen. Zum ersten Mal seit Jahren hatte ich also mein altes Kochbuch *Das elektrische Kochen* wieder zur Hand genommen. Heraus kam ein Biskuitteig mit versunkenen Äpfeln und Zimt und Zucker.

»Lecker«, schwärmte Geertje und schnalzte mit der Zunge.

»Richtig gut«, bestätigte Trine und nickte zufrieden.

»Mohoin!«, klang es vom Gartentor, und Emma kam in den Garten. Sie nahm mich in den Arm und überreichte mir zwei Flaschen Roséwein. Hinter ihr stand das Ehepaar Bruns und winkte mir schüchtern zu. Aukje und Enno drängten sich an ihnen vorbei, schnappten sich ein paar Kekse vom Tisch, lachten mir zu und rannten wieder runter zum Spielplatz. Ella folgte ihnen.

»Kommt«, rief ich, »ich hol noch ein paar Stühle.«

Wir saßen auf der Terrasse und ließen es uns gut gehen.

»Und, wie findest du's hier?«, fragte Gesches Mutter Sanne und nippte an ihrem Weinglas.

»Ich fühl mich echt wohl hier«, sagte ich wahrheitsgemäß und schaute in meine Geburtstagsrunde.

»Wie gesagt, schön, dass du da bist«, wiederholte Trine, »und mit dem Kuchen kannst du gern bei mir anfangen.« Sie grinste und nahm sich ein weiteres Stück. Trine gehörte ein kleines Café, und sie backte all ihre Kuchen und Torten selbst.

»Bei mir kommen jeden Tag schmucke Kerle vorbei. Bei den Tagestouristen ist bestimmt mal der ein oder andere für dich dabei«, grinste sie und zwinkerte zweideutig. Ihr schien die Tatsache, dass ich ohne Mann auf die Hallig gezogen und damit offensichtlich nicht völlig unglücklich war, nicht zu behagen. Geradezu undenkbar.

»Neulich war da so einer«, fuhr sie fort und leckte sich dabei Sahne vom Daumen, »der hätte dir bestimmt gefallen. War ein ganz Schicker. So leicht gräulich an den Schläfen, sah aus wie der Clooney. Und groß dabei, ganz toller Kerl. Er bestellte sich ein Stück Friesentorte. Hab ihm ein ganz besonders großes aufgetan. Hat er geschafft. Hatte einen guten Appetit, der Mann. Auch wichtig.« Sie kicherte in sich hinein.

»Und«, schaltete Geertje sich ein, »mit Anhang oder ohne?«

»Ach, da hab ich nicht so drauf geachtet«, lachte Trine.

»Na, Manuela, da musst du dich ja mal öfter in Trines Café setzen«, sagte Emma und knuffte mich am Bein.

Ich lachte. »Zum Kuchen essen gern.«

Trine schob sich noch ein Stück Kuchen in den Mund und zeigte mit der spitzen Gabel auf mich. »Das ist nicht gesund, allein zu leben. Such dir 'nen Kerl, ich sach dir das.«

»Ich bin nicht allein«, erwiderte ich. »Möchte noch jemand Tee oder Kaffee?«, fragte ich dann etwas lauter und beendete damit Trines Versuche, tiefere Einblicke in meine Bedürfnisse und mein Privatleben zu erhaschen.

Emma lenkte das Gespräch elegant auf die neuen Öffnungszeiten beim Halligkaufmann, die sich nach der Saison ändern würden.

So hockten wir im milden Spätsommerwind und schnackten weiter über dies und jenes.

»So, wir müssen uns langsam auf den Weg machen. Sonst werden wir noch ganz tüddelig vom Wein«, meinte Geertje plötzlich, trank ihr Weinglas leer und erhob sich. Auch Sanne stand auf.

»Ja, wir spielen heute Abend Theater. Mensch, komm doch auch!«, forderte sie mich auf.

»Aber es ist doch abends. Was ist mit Ella?«, zögerte ich.

In dem Moment kam Ella in den Garten und meinte: »Was soll mit mir sein?«

»Ist doch Samstag«, rief Geertje, »da kommt sie einfach mit. Ella, als Geburtstagsgeschenk für deine Mutter gehst du heute Abend mit ihr ins Theater, ne?!«

Ella sah von einem zum anderen. Geertje strahlte, ich lächelte, was hatte sie da für eine Wahl.

»Okay«, sagte sie und zuckte mit den Schultern.

»Fantastisch! Dann bis nachher!«

Nach und nach gingen auch die übrigen Gäste, und wir bereiteten uns auf eine Theaternacht auf Hooge vor.

Gerade als ich mir die Wimpern tuschte, rief Lene an. Sie hatte mir am Morgen bereits ein Ständchen gesungen, und ich wunderte mich über ihren zweiten Anruf.

»Du fehlst mir so«, seufzte sie. Wir telefonierten eine ganze Weile über Videoanruf, und ich ging mit ihr im Garten umher.

»Es ist so schön bei dir«, meinte sie, »aber wann kommst du wieder nach Hause?«

Zuhause. Wo war das? Wo war ich zu Hause? Meine Finger strichen über einen Blumenkranz, der mich heute mit der Post erreicht hatte. Meine ehemalige Nachbarin hatte ihn aus den zahlreichen Blumen ihres Gartens selbst gebunden. Daneben ein Päckchen eines ehemaligen Schülers, gefüllt mit Sonnengrüßen und gelben Dingen wie Bonbons, Figuren und Bildern. Was für eine schöne Idee.

Mein Blick wanderte über den Horizont. Vogelschwärme formierten sich über dem Wattenmeer und flogen wie wandelnde Wolkenbilder am Himmel. Tief sog ich die salzige Luft ein und genoss die Weite. Und zugleich legte sich ein Mantel auf meine Schultern, eine unsichtbare Last, die mich niederdrückte und mir das Atmen schwer machte. Dies war mein Zuhause, mein Lebensort. Doch war es meine neue Heimat? Heimat war dort, wo meine Familie und meine Freunde waren. Sie waren weit weg. War Heimat demnach der Ort, wo ich herkam, und Zuhause der Ort, an dem ich war?

»Ich freu mich schon darauf, wenn du mal wieder hier bist«, sagte Lene und gab mir einen Luftkuss.

»Ich mich auch«, erwiderte ich, »und wie.«

Nachdem wir uns verabschiedet hatten, fuhren Ella und ich mit dem Fahrrad zur Hanswarft.

Dort im Keller des Gemeindebüros gab es eine Bühne, vor der mehrere Stuhlreihen aufgebaut waren. Der rote Samtvorhang bewegte sich, und der erste Darsteller kam an den Bühnenrand, um uns zu begrüßen. Ella sah mich von der Seite an und rollte die Augen. Das Schauspiel war auf Plattdeutsch, Ellas frühere Begeisterung für diese Regionalsprache war schon längst wieder verflogen. Sie verstand kein Wort. Das Geschenk, das sie mir mit ihrer Anwesenheit machte, gewann minütlich an Größe.

»Awer hüüt is een ganz besunnere Obend, denn wi hem een Geburdsdagskind unner uns«, freute sich der Hooger Schauspieler und zeigte auf mich. Alle sahen zu mir herüber, gratulierten und klatschten.

»Dorto wünschen wi vun Harten allns Gude«, hieß es, und ein Geburtstagsständchen wurde angestimmt.

Und dann ging das Lustspiel los. Ich amüsierte mich köstlich. Ella hielt durch.

Erst gegen elf war das Stück beendet, und nach reichlich Applaus verließen wir das Gemeindehaus und traten in die laue Sommernacht hinaus. Der Schein des Mondes tauchte die Straße vor uns in ein schleierhaftes Grau. Wie ein bleiernes Band bahnte sie sich den Weg Richtung Ockelützwarft. Als wir unsere Warft hochfuhren und die Räder in die Garage geschoben hatten, stockte mir der Atem. Noch nie zuvor hatte ich die Milchstraße gesehen. Gewaltig lief sie über uns wie ein nebelhafter Fluss am Himmel, gefüllt mit Abertausenden funkelnden Lichtpunkten. Auch Ella atmete tief ein und bestaunte dieses Bild. An einem Ort, der kaum durch Lichtverschmutzung belastet war, konnte sich dieses beeindruckende

Gemälde ausbreiten. Einen solchen Moment musste van Gogh erlebt haben, als er zu seiner Sternennacht inspiriert wurde.

Wir saßen noch eine ganze Weile dort draußen auf unserer Warft, umfangen von der Magie des Augenblicks, und ich dachte an Heimat und Zuhause, an die Menschen, die mich begleiteten, die mich begleitet hatten und mich begleiten werden und spürte, dass es nicht nur der Ort war, der das Leben besonders macht, sondern die Menschen, mit denen du dort wandeltest.

Novemberdepressionen und Heimweh

In den ersten Wochen auf Hooge fehlte Ella hin und wieder in der Schule. Unabhängig davon, ob ihre Bauchschmerzen real oder vorgeschoben waren, ging es ihr nicht gut, und sie hatte Probleme anzukommen. Sie brauchte Zeit.

An einem Freitagmorgen im September fasste ich einen Entschluss, der eine große Veränderung mit sich brachte, die ich so gar nicht erwartet hatte. Ella sah mich unglücklich an, als ich sie morgens weckte.

»Heute ist Freitag, und nachher um vier gehen wir auf die Fähre und fahren übers Wochenende nach Hause.«

Ungläubig starrte sie mich an. »Wie?«

»Ja, wir fahren nach Hause. Und morgen kannst du eine Nacht bei Papa schlafen.«

»Das geht?«

»Das geht«, erwiderte ich und nickte ihr lächelnd zu. Blitzschnell sprang sie auf, zog sich an und hüpfte die Treppe hinunter.

Am Vormittag war sie still wie immer und hielt sich auch in den Pausen immer in meiner Nähe auf. Umso redseliger war dann unsere vierstündige Autofahrt zurück nach Niedersachsen. Wir lachten und sangen lauthals mit Mark Forster: »Und die Chöre singen für dich. Ooooohhoohoohoohoooo.«

»Und, worauf freust du dich am meisten?«, fragte ich Ella.

»Auf Papa«, antwortete sie prompt, »und auf Mecces.« Sie lachte und zählte ihre Bestellung auf. Kurz hinter Hamburg hielten wir am Autohof und fuhren durch den McDrive. »Willkommen bei McDonald's, Ihre Bestellung bitte.«

Ich hätte wohl kaum gedacht, dass Fast Food für uns einmal zum Inbegriff von Luxus in Sachen Essensauswahl würde. Dabei freute ich mich auf die Pizza am Abend, die frisch dampfend und heiß aus dem Pizzaofen gezogen und mir am Bistrotisch meiner Lieblingspizzeria serviert werden würde.

»Und auf die Eisdiele«, setzte Ella ihre Liste der Festlandfreuden fort, »außerdem wollen Papa und ich ins Schwimmbad und in den Wald.«

Der Wald fehlte mir auch, sehr sogar. Wenn im Sommer meine nackten Füße den bemoosten Waldboden berührten, über mir rauschendes Blattwerk, das fast wie das Meer klang; wenn man die Augen schloss und den Duft, der vom Boden aufstieg, der nach Erde, Blättern und Walderdbeeren roch, in sich aufnahm. Und wenn im Herbst die Farben erwachten und der Wald sich auf seinen Winterschlaf vorbereitete. Ich liebte das sehr. Der Wald war mindestens genauso schön wie das Meer. Schade, dass beides nicht gleichzeitig zu haben war.

Für Samstagmorgen hatte ich einen Überraschungsbesuch der besonderen Art geplant. Im Gepäck eine Flasche Roséwein mit dem wunderbaren Etikett »Spuren im Sand« machte ich mich dann allein auf den Weg. Ich bog mit meinem Wagen auf den großen Hof meiner Freundin Lene ein, die keine Ahnung hatte, dass ich da war. Mein Herz klopfte bis zum Hals, als ich das kleine Kamerasymbol auf meinem Handydisplay berührte. Kurz darauf erschien ihr Gesicht.

»Hallo, Ela, das gibt's ja nicht. Gedankenübertragung! Ich wollte dich gerade anrufen.«

»Na, alles gut? Was machst du gerade so?«, fragte ich lächelnd. Wir kannten uns schon ein ganzes Leben. Jeder Zug ihres Gesichts war mir so vertraut.

Mein Zuhause ist kein Ort, das bist du.

Diese wunderschöne Liedzeile geisterte mir in diesem Moment durch den Kopf.

»Ach, ich sitz ein bisschen auf der Terrasse. Ist ja auch tolles Wetter.«

Sie stutzte. »Aber wo bist du denn? Sind das da Bäume bei dir?«

Ich grinste und sagte: »Ja, wo bin ich gerade?«

Mein Herz klopfte, und ich ließ die Handykamera einmal über die Umgebung streifen. Die Antwort war ein Aufschrei, der von der Terrasse herkam. Lene hatte ihr Handy weggeworfen und kam kreischend um die Hausecke auf mich zu gerannt. Wir fielen uns in die Arme. Hinter der Hecke tauchte ihr Mann Kai auf und lachte. Wir blinzelten uns zu, denn er war eingeweiht und hatte dafür gesorgt, dass Lene zu Hause war, sodass meine Überraschung gelingen konnte.

Das Rauschen des Windes in den Bäumen klang ein wenig wie das Meer. Genauso wie die rasenden Autos der Schnellstraße, die in einiger Entfernung das Land durchzog. Mit ausgestreckten Füßen ließen Lene und ich unsere lackierten Zehennägel in der Sonne tanzen. Versonnen rührten wir in unseren Milchkaffees und schwiegen. Wir vermissten uns furchtbar, das musste nicht ausgesprochen werden. In diesem Moment an einem Samstagnachmittag im September genossen wir einfach nur unsere Zweisamkeit auf der Terrasse.

Wir waren noch nicht einmal in der Schule gewesen, als wir uns das erste Mal begegneten. Seither gingen wir unseren

Lebensweg gemeinsam. Die erste große Liebe und den ersten großen Liebeskummer erlebten und erlitten wir zusammen. Wir heirateten, begleiteten einander bei Schwangerschaften und Geburten. Wir wussten, wie es war, wenn ein Elternteil starb, wir verstanden einander in Ehe- und Lebenskrisen, und selbst wenn wir uns nicht täglich oder wöchentlich sahen, so waren wir doch irgendwie immer in der Nähe. Wir hatten uns bislang immer spontan erreichen, die andere besuchen können. Bislang.

Am Abend fuhr ich zurück nach Westerstede zu meinem Haus und war überwältigt vom Herbst, der sich hier in seiner schönsten Form zeigte. Auf Hooge hatte ich ihn gar nicht kommen sehen. Dabei war die Zeit längst da, und ich hatte mit großen Buchstaben das Wort *Herbst* an die Tafel gemalt. Eine Mindmap sollte entstehen für eine Gestaltungsaufgabe. Ratloses Schweigen. Mein Blick wanderte über die Gesichter der Halligkinder und schweifte raus aus dem Fenster auf das Meer, das in der Mittagssonne wie tausend Diamanten funkelte. Es gab keine Kastanienbäume, keine Eichen, kein buntes Laub, keine Igel, keine Obstgärten, keine bunten Drachen am Himmel – es gab dort keinen Herbst. Jedenfalls keinen, wie ich ihn kannte. Das Einzige, was den Kindern zu diesem Thema in den Sinn gekommen war, war Sturm.

Umso gewaltiger trafen mich hier die Farben des Laubes. Ich streifte durch meinen heimatlichen Garten und begann zu ernten. Der kleine, ergonomisch gewachsene Apfelbaum, dessen höchste Äste mir gerade mal bis zum ausgestreckten Arm reichten, stand voller Früchte, sodass sich die Zweige unter der Last hinabbeugten. An der Klinkerwand wucherten die Brombeersträucher, und ihre schwarzen prallen Beeren glänzten in der

Sonne. Die Johannisbeeren hatten sich wohl schon die Vögel geholt. Ich betrachtete die großen Dolden der Hortensien, die den Eingang säumten. Schwermut legte sich über mich und hüllte mich ein. All das hatte ich hinter mir gelassen. Obwohl der Garten unglaublich viel Arbeit machte, mit der ich meist allein dastand, so genoss ich ihn doch in vollen Zügen. Wehmütig schaute ich auf die Feuerschale, an der ich unzählige Abende mit Freunden verbracht hatte. Auf Hooge konnte ich sie nicht nutzen, denn Wind und Reetdächer setzten ein deutliches Verbot. So hatte ich auch die Lagerfeuer zurückgelassen. Und von ganz tief unten spürte ich es in mir aufsteigen. Einen gigantischen Knoten, der mir den Hals zuschnürte, ein Zucken der Mundwinkel.

Ich wollte am nächsten Tag nicht wieder zurückfahren. Dieses Haus war mein Rettungsfallschirm, wenn der Flug auf die Hallig schief gehen sollte. Es war mein Zuhause. Oder war es meine Heimat? Ich wollte wieder hierhin zurück, in mein Haus auf dem Festland. Wollte hierbleiben. Dies war mein Heim, meine Heimat, und es tat weh, nicht mehr hier zu leben – Heimweh!

Die Nacht war trüb. In der Wand raschelte es. Ein Mäuschen auf seinem nächtlichen Rundgang. Ebenso schlaflos wie ich. Durch das offene Fenster konnte ich die Blätter der mächtigen Eichenbäume hören, die sich im Wind wiegten. Auch ihr säuselnder Gesang spendete keinen Trost. Zweifel beschlich mich. War es wirklich eine gute Idee gewesen, dies alles zu verlassen? Nichts hatte mich hier vertrieben, alles war mir vertraut und lieb. Es war die Abenteuerlust, die mich gerufen hatte, der ich bis ins Meer hinaus gefolgt war. Ich fühlte mich zerrissen. Ich liebte es, auf dem Deich zu stehen, den Wind im Haar, das Meer im Blick. Liebte diese tiefe Ruhe, die mich erfüllte, wenn ich den Möwen bei ihren Gleitflügen zusah. Doch ich vermisste dieses Haus, diesen Garten, meine Freunde, meine Familie, meine Bäume. Weder das eine noch das andere wollte ich missen. Ich wusste nicht mehr, wo ich zu Hause war, wusste nicht, wo ich hingehörte.

Mit einem dumpfen Gefühl stand ich am Sonntagmorgen auf und machte mich auf den Weg, Ella von ihrem Papa abzuholen. Ich rechnete damit, dass sie nicht mitwollte. Würde ich sie dann zwingen oder einfach hierlassen, um baldigst selbst heimzukehren? An diesem Morgen stand mir der Sinn nach Letzterem.

Ich parkte das Auto vor dem verklinkerten Mehrfamilienhaus und klingelte missmutig.

An der Wohnungstür empfing mich meine Tochter freudestrahlend.

»Hallo, Mama, ich bin gleich fertig. Wir müssen noch eben das Spiel zu Ende spielen.«

Die beiden saßen am Küchentresen und spielten »Mensch ärgere dich nicht«.

»Hab schon alles gepackt«, sagte sie und würfelte unbeschwert eine Vier. »Ha, genau die hab ich gebraucht. Gewonnen!«

Ihr Papa riss theatralisch die Hände vors Gesicht und jammerte: »Nein, nicht schon wieder!«

Wir lachten.

Schnell packte Ella ihre Sachen, die noch in der Wohnung verstreut lagen, in ihren Koffer, dazu diverse Süßigkeiten, die sie mit ihrem Vater gekauft hatte, und trug ihr Gepäck zum Auto. Wir verabschiedeten uns, und Ella schien es kaum etwas auszumachen. Wir winkten, Ellas Papa schnitt ein paar

Grimassen und machte Schwimmbewegungen. Ella lachte und tat so, als sei sie ein Fisch, der mit einem großen runden Mund Blubberblasen ausstieß. Die beiden amüsierten sich köstlich. Ich lächelte und lenkte den Wagen auf die Straße.

»Ach, das war toll«, seufzte Ella glücklich auf, als das Haus außer Sichtweite war, und ließ sich in den Sitz zurückfallen.

»Das ist schön, mein Schatz«, antwortete ich. Meine Stimme war belegt, und ein dicker Kloß saß mir im Hals.

»Alles in Ordnung, Mama?«, fragte sie.

»Sicher, alles gut. Hab ein bisschen wenig geschlafen.«

»Wollen wir Mark Forster hören?«, fragte Ella und suchte bereits die entsprechende Playlist auf Spotify.

Und die Chöre sangen für uns. Ooooohhoohoohoohoooo.

Am Montagmorgen stand ich auf der Warftkante und machte meine Pausenaufsicht. Unten auf dem Spielplatz tummelten sich die Grundschulkinder und mitten unter ihnen meine eigene Tochter. Sie war wie ausgewechselt. Als hätte unser Wochenendtrip ihr Heimweh geheilt. Vermutlich war ihr nun bewusst, dass wir gar nicht so weit weg waren und jederzeit alte Freunde und Verwandte wiedersehen konnten. Wir waren nicht ausgewandert, sondern nur umgezogen. Wir waren nicht aus der Welt, auch wenn das hier eine ganz andere Welt war.

Sie spielten Fangen, und Ella lachte mit Aukje, Liv und Leni um die Wette. Zwischendurch schaute sie hoch zu mir und winkte. Es ging ihr gut. Ella war angekommen.

Es gab nur ein kleines Problem. Nun hatte ich schreckliches Heimweh, das mich lange begleiten sollte.

Am schlimmsten wurde es im November. Längst war der Spätsommer vorbei und hatte direkt in den Winter gewechselt.

Es wurde langsam Zeit, die Weihnachtsdekorationen hervorzuholen und das Haus festlich zu schmücken. Unschlüssig hielt ich die Holzgirlande aus kleinen Tannenbäumchen und Rentieren in den Händen. Seit über zehn Jahren hatte sie ihren Platz unter der Esszimmerlampe. Ebenso hing seit jeher die geschmückte Tannengirlande über dem Rundbogen der Wohnzimmertür. Immer stand die kleine Krippe aus handgefertigten Tonfiguren auf dem Sideboard. Doch hier gab es diese Esszimmerlampe nicht, keinen Rundbogen, kein Sideboard. Überall, wo ich die Girlande hinhielt, schien sie fehl am Platz. Gehörte hier nicht hin. Resigniert legte ich sie zurück in den Karton und weinte bitterlich.

Das Telefon klingelte. Ich schnäuzte mir rasch die Nase und ergriff den Hörer. Es war Emma, fröhlich und gut gelaunt wie eh und je. Sie merkte gleich an meiner Stimme, dass ich ganz und gar nicht in Ordnung war, so gut kannten wir uns nun schon. Ich klagte ihr mein Leid, diese unheilvolle Mischung aus Heimweh, Novemberblues und Vorweihnachtsmelancholie.

»Nu kumm man röver! De November is nix, um alleen to sin.«

Keine Viertelstunde später saß ich in Emmas Küche und hatte ein gut gefülltes Weinglas in der Hand. Auf der Fensterbank stand ein Holzgestell mit Salzteigfiguren. Vereinzelt zierten kleine Buchsbaumzweige das Ding und rochen ein wenig streng nach Katzenurin. Am Fuße standen zwei Figuren, ein Mann und eine Frau. Aber bei den anderen Figuren war ich mir nicht so sicher. Emma hatte sie mit ihren Kindern selbst hergestellt, und die Darstellungen ließen einigen Interpretationsspielraum zu.

»Dat is een Kinkenboom«, sagte Emma, die mein Interesse an der Dekoration bemerkt hatte.

»Kinkenboom?«, fragte ich zurück, »hab ich noch nie gehört.«

»Dat is uns Wiehnachtsbuum.«

»Oh«, meinte ich betreten. Ganz schön dürftig. Ich dachte an unseren Weihnachtsbaum, der jedes Jahr noch schöner und funkelnder war als im Vorjahr. Immer mehr Lametta. So hieß es jedenfalls immer.

»Den gibt's schon ewig hier in Nordfriesland. Das da unten sind Adam und Eva. Hier sind ein paar Tiere. Guck, das ist ein Schaf und das eine Kuh. Und hier ein Fisch und ganz oben ein Hahn. Das soll eine Mühle sein und daneben ein Segelschiff. Passt alles zu unserer Hallig.«

Emma schenkte noch einmal nach, und wir schauten gemeinsam in die gelben Flammen der Kerzen, die am Kinkenboom brannten. Hin und wieder knackte ein Holzscheit im offenen Kamin. Ich liebte es, mit Emma in ihrer urigen Küche zu sitzen. Einst war dieser Kamin die Kochstelle gewesen. Mit rotgeflammten Ziegeln ummauert war er wie ein großes Fach in der Wand. Früher wurden hier Brote und Kuchen gebacken, Suppen gekocht und Fleisch gebraten. Heute diente er als Wärmequelle. Emma legte noch ein Holzscheit nach, und ich atmete genussvoll den brandigen Geruch des Holzfeuers ein.

Emma lachte. »Du magst den Geruch wohl gern.«

Ich grinste sie an. »Das erinnert mich immer an Mittelalterfestivals. Ich liebe es.«

Emma setzte sich wieder und erzählte: »Dann können wir aber froh sein, dass wir jetzt das gute Holz verbrennen können. Früher sah das man schlecht aus damit. Holz gab's hier nicht sehr viel.«

»Und wie haben sie dann geheizt?«

»Mit Kuhdung.«

»Du veräppelst mich.«

»Nein, ernsthaft. Frag mal die alten Halligbewohner. Die kennen das noch gut.«

Emma schilderte mir, dass die Höfe damals ein bestimmtes Areal auf der Warftkante im Sommer absteckten und dort die frischen Kuhfladen verteilten. Das Ganze wurde platt getreten und in der Sonne getrocknet. Ich malte mir aus, wie die Kinder damals barfuß auf den teils noch warmen Fladen herumtraten und die braune Soße zwischen den kleinen Zehen hervorquoll. Der getrocknete Dung wurde in handliche Stücke zerteilt, gewendet, aufgeschichtet und im Halligwind getrocknet.

»Na, das hat dann aber bestimmt anders gerochen in den Küchen«, äußerte ich.

»Dat kannst mi glöben«, lachte Emma, und wir prosteten uns zu.

»Da saß man vielleicht auch eher im Pesel«, meinte sie und lächelte.

»Pesel?« Ich sah sie verständnislos an. Dieses Wort kannte ich aus dem Ammerländer Plattdeutsch, doch konnte sie wirklich das meinen? Pesel war der Penis eines Tieres. Man saß im Pesel?

»Dat is de gude Stuuv, die gute Stube«, erläuterte sie und knabberte ein paar Salzstangen. Ich prustete los und erklärte ihr die Bedeutung, die mir geläufig war. Nachdem wir uns von unserem Lachkrampf erholt hatten, forderte sie mich auf mitzukommen. Wir gingen in den Raum nebenan. Ein niedriger Raum mit einer grün getünchten Holzdecke. An den Wänden waren unzählige blau bemalte Fliesen, auf denen Szenen der Landwirtschaft zu sehen waren. Jede war handgemalt, und keine glich exakt einer anderen.

»Das ist ein Bilegger«, erklärte sie und zeigte dabei auf einen gusseisernen Ofen, der auf vier hohen Füßen an der Wand lehnte. Ich spürte die Wärme, die von ihm ausging, entdeckte aber weder die Öffnung, um Holz nachzufüllen, noch einen Abzug oder ein Ofenrohr. Als ich das anmerkte, erläuterte Emma, dass er auf der Rückseite der Feuerstelle in der Küche stehe und auch von dort aus befeuert wurde. So gab es im Pesel keinen Rauch und keinen Aschestaub, dafür aber wohlige Wärme. Bilegger bedeutete Beilegerofen, und es gab sie bereits seit dem 16. Jahrhundert in Nordfriesland. Ich fand ihn wunderschön, dennoch war es in der Küche noch viel gemütlicher. Also setzten wir uns wieder rüber an den alten Holztisch, der die Spuren der Zeit trug und Geschichten zu erzählen wusste.

Draußen peitschte der Wind an die Fenster und trieb Regentropfen vor sich her. Wir betrachteten wieder den Kinkenboom auf der Fensterbank und sahen uns selbst im Spiegelbild der dunklen Fensterscheiben dahinter. Im November sollte man wahrlich nicht allein sein – vor allem nicht auf der stürmischen Hallig.

Landunter

Halligpsalm
Der Herr ist meine Warft,
meine Zuflucht inmitten des Meeres.
Er leitet mich, wenn ich Watten durchziehe.
Und bei aufkommendem Nebel lässt
er mich nicht aus den Augen.
Er lässt mich immer wieder heimkehren
um seines Namens willen.
Und wenn von Nordwesten des Todes
gewaltige Fluten kommen und die kleine
Hallig überwinden, fürchte ich mich nicht,
denn du bist meine Warft,
mein Schutz im Brüllen der Wogen.

Nach Psalm 23
von Dietrich Heyde

Immer wieder sprangen Ella und ich vom Küchentisch auf und rannten hinüber ins Wohnzimmer. Von dort aus blickten wir direkt auf das Meer, die weißen Schaumkronen tanzten wild, und immer wieder kam es vor, dass eine den Deich berührte. Wir wollten keinesfalls den Moment verpassen, in dem die Wellen über die kleine Steinmauer kamen. Wenn der Blanke Hans kam, wie man hier sagte.

»Es gibt Landunter am Sonntag«, hatten die Halligbewohner bereits vor zwei Tagen angekündigt. Es gab wohl kaum ein passenderes Wort dafür, denn das Land der Hallig war dann unter dem Wasser, und lediglich die Warften schauten heraus.

Der Wind brauste aus Nordwest über die Hallig. Immer wieder betrachtete ich auf meinem Handydisplay die Daten von Windfinder. 42 Knoten, was bedeutete das? Ich googelte nach einer Beaufortskala und erfuhr, dass wir Windstärke acht bis neun zu erwarten hatten.

»Nur die Windstärke bringt noch kein Landunter«, hatte Geertje mir neulich erklärt. »Da spielen auch die Windrichtung und vor allen Dingen der Pegelstand 'ne Rolle.«

Es würde wohl noch der ein oder andere Sturm ins Land ziehen, bis ich in der Lage war, ein Landunter vorauszusagen. Bis auf Weiteres verließ ich mich auf die Halligbewohner, und an diesem Sonntag sollte das Wasser an die Warft kommen – unser erstes Landunter.

Und das war es, was eine Hallig von einer Insel unterschied. Mit jedem Landunter wuchs die Hallig, weil Schlick und Sediment auf das Land spülten. Wenn das Wasser dann langsam wieder ablief, setzten diese sich ab und blieben liegen. Das Land wuchs. Durch den Sommerdeich, der Hooge umzog, blieb die Kontur der Hallig dabei erhalten, und es musste kein Land und keine Warft aufgegeben und den Fluten übergeben werden. Mit Anstieg des Meeresspiegels aufgrund der Klimaerwärmung war zu erwarten, dass auch die Landunter höher stiegen, daher mussten die Warften kontinuierlich erhöht werden. Blieb zu hoffen, dass die Halligen ebenso schnell wuchsen wie der Meeresspiegel. Wie hoch würde es diesmal sein?

Auf dem Küchentisch dampften die Spaghetti vor sich hin. Heute Morgen hatten wir die dritte Kerze am Adventskranz angezündet. Die hölzerne Girlande aus Rentieren und

Weihnachtsbäumen hatte auch endlich einen Platz gefunden und hing nun ein wenig verloren am Wohnzimmerfenster, durch das wir unseren scheuen Blick auf den Sommerdeich richteten, an dem die Nordsee nunmehr beharrlich zu lecken schien.

»Hast du Angst?«, fragte Ella.

»Ich weiß nicht«, überlegte ich, »eigentlich nicht. Hier wird das Wasser nicht ganz hochkommen. Da bin ich mir sicher. Selbst wenn, dann gehen wir eben ins Büro hoch.«

»Wieso ins Büro?«, fragte Ella.

»Da ist unser Schutzraum.«

»Unser was?«

»Unser Schutzraum. Die Wände sind aus Stahlbeton und tief im Boden verankert.«

»Und was soll das bringen?«, fragte Ella skeptisch.

»Wenn die Flut das ganze Haus wegreißt …«

»Mama!« Ella riss die Augen auf.

»Was natürlich nicht passiert«, beschwichtigte ich und bemühte mich, es souverän und überzeugt klingen zu lassen. »Aber wenn sie das tun würde, bleibt der Schutzraum stehen. Da sind wir sicher.«

»Okay«, nickte sie und schaute wieder auf das Meer.

Das Wasser würde kommen, aber es würde auch wieder verschwinden. Dennoch kribbelte mein Bauch. Mit jeder schäumenden Gischt, die dort hinter den Fennen an der Steinkante hochschoss, beschleunigte sich mein Herzschlag, wurde der Atem gepresster. Bis wohin würde das Meer kommen, wie würde es über uns herfallen?

»Komm, wir gehen hoch in die Turnhalle!«, schlug ich vor, und wir rannten die Treppen hoch aus Angst, draußen etwas zu verpassen.

Die Turnhalle war eher ein Gymnastikraum mit einem wunderbaren Schwingboden aus Holz. Durch zwei große Fenster links und rechts strömte Tageslicht herein. Wir setzten uns auf die sehr tiefe Fensterbank und schauten hinaus. Irgendwann wurde es Ella zu langweilig, auf die tosende See zu starren. »Ich geh Fernsehen gucken«, meinte sie und ging wieder hinunter ins Wohnzimmer. Ich hingegen genoss das Außenprogramm. Hinter der Scheibe formierten sich riesige Wolkenberge, die dahintrieben wie gigantische Schiffe in rasanter Fahrt. Hier und da rissen die Wolken für Momente auf, und Sonnenstrahlen küssten das tobende Meer. Dieses stieg immer höher und höher, und fast jede Welle bemühte sich, über die Steinkante zu lecken. Und dann ging es los ...

An mehreren Stellen sprang das Meer über den Deich, ergoss sich und bahnte sich seinen Weg über die Fennen. Machte sich auf den Weg, die Hallig zu überfluten. Wie eine Decke, die liebevoll über das schlafende Kind gezogen wurde, zog sich nun das salzige Meerwasser über das Grün, vereinte sich mit immer mehr Meer, das aus den Gräben und Prielen aufstieg, und steuerte auf die Warften zu. Hinter Fensterglas lauschte ich den gedämpften Geräuschen und beobachtete aufgeregt, wie Straße und Priele verschwanden, Zäune, Sitzbänke, Schilder, und alles im Wellenschlag eins wurde – die Nordsee.

Es hielt mich nicht hier hinter dem Glas. Ich wollte noch näher ran, Teil des Ganzen sein. In wetterfester Halligjacke und Gummistiefeln stemmte ich mich gegen die schwere Eingangstür. Der Wind riss sofort an mir. Mit dem Öffnen der Tür schreckte ich die Ringelgänse auf, die auf der Warftkante direkt vor dem Haus Zuflucht gesucht hatten. Ein fühlbares Rauschen und das markante *Rott-rott*-Rufen begleiteten ihren

Flug im Sturm. Der Wind griff mir unter die Arme, trug und hielt mich, ich ließ mich in seinen Arm gleiten.

Das Wasser hatte bereits die Straße und den Spielplatz unten an der Warft überspült und kam zu mir hoch, als wolle es mich kennenlernen. Zur Begrüßung reichte es mir Welle für Welle die Hand. Mit festem Stand in meinen schwarzen Gummistiefeln trotzte ich dem Wind. Wiegte mich hin und her, betrachtete das tosende Meer und wurde immer ruhiger. Während ich mich dieser Naturgewalt hingab, wurde mir bewusst, wie klein ich war in unserem großen System Erde. Was einst wichtig war, unbedingt erledigt werden musste, keinen Aufschub erlaubte und das Herz in den Takt des hektischen Alltags zwang, wurde in diesem Moment so unwichtig, lächerlich sogar. Es begann in meinem Bauch. Es kribbelte und suchte sich seinen Weg durch meinen Körper, kitzelte meine Brust und machte sich schließlich Luft. Ich lachte, stand dort im Wind und lachte glücklich vor mich hin. Ich lief um die Warft, sah die anderen Warften wie kleine Inseln aus dem Meer ragen. Fotografierte immer und immer wieder die Wellen, wie sie sich am Zaun brachen und die Auffahrt hochrollten. Bis ich atemlos mit leuchtenden Wangen am Wäschepfahl lehnte.

Da stand ich – mitten im Meer.

Bei meinem Einstellungsgespräch hieß es, dass Hallig Hooge so vier- bis fünfmal im Jahr überflutet würde. Höchstens. In diesem Winter waren es weit mehr als zehnmal. Beim längsten Landunter dauerte es mehr als drei Tage, bis das Wasser wieder abfloss.

Am frühen Montagmorgen schlüpfte ich in meinen Morgenmantel und schlich barfuß die Treppe hinunter. So stieg ich in meine Gummistiefel. Da es noch dunkel war, nahm ich meine Taschenlampe mit, die immer im Flur auf dem kleinen Schrank stand, und ging hinaus. Der Wind hatte deutlich nachgelassen. Am Horizont verriet bereits ein feines Leuchten, dass der Morgen bald anbrechen würde. Ansonsten war es dunkel. Austernfischer pfiffen in der Nähe. Im Lichtkegel meiner Taschenlampe prüfte ich die Warft. Auf halber Höhe berührte der Schein bereits das Meer, das nun sanft und schläfrig hin- und herwiegte. Spielplatz, Fahrradstand und die Straße lagen noch auf dem Meeresgrund. Heute Vormittag würde niemand seine Warft verlassen. Die Schultore blieben für heute verschlossen. Bislang kannte ich als witterungsbedingte Schulschließungen Hitzefrei und Schneefrei, Landunterfrei kam nun hinzu.

Am Nachmittag spazierte ich am Spülsaum auf unserer Warft entlang und schaute nach, was das Meer uns mitgebracht hatte. Ella winkte mir vom sicheren Wohnzimmer aus zu und beobachtete mich. So ganz geheuer war ihr das Ganze nicht, und meine Begeisterung für das Tosen von Wind und Wellen teilte sie nur in Maßen. In meinen Gummistiefeln stand ich auf der Warftkante im Wind. Ich wusste, dass diese regelmäßigen Überschwemmungen wichtig waren für unsere Hallig. Doch heute hatte ich wie alle Halligbewohner einen Auftrag. Denn wenn das Wasser kam, den Sommerdeich und die Salzwiesen überflutete, bis nur noch die Warften Mensch und Tier Schutz vor dem Blanken Hans boten, dann kamen auch Halligbewohner zum Vorschein, die man hier nicht unbedingt vermutete, und die in größeren Populationen nicht nur eine Plage, sondern eine echte Gefahr für die Hallig darstellten: die Ratten. Sie bauten an den Gräben und Prielen ihre Nester und untergruben damit die Stabilität der künstlich aufgeschütteten Erdhügel. Bei

Zu Hause auf der Ockelützwarft © PRIVAT

Ella auf dem Sommerdeich © PRIVAT

Den Wind im Haar © JAN-CHRISTOPH ELLE

Ringelgänse steigen auf © PRIVAT

Ein Stock (einfache Halligbrücke) über einem Priel © JAN-CHRISTOPH ELLE

Wäsche im Halligwind © PRIVAT

Landunter: Nur die Warften schauen aus dem Wasser © PRIVAT

Winter auf der Hallig © PRIVAT

Stand-up-Paddling in der Nordsee © PRIVAT

Hand in Hand der Sonne entgegen © JAN-CHRISTOPH ELLE

Die Nordsee direkt auf der Warft © PRIVAT

Warftauffahrt bei Landunter © PRIVAT

Ella beim Schlickrutschen © PRIVAT

Das Petrusmännchen im Biikefeuer
© PRIVAT

Pensionskühe im Wellnessurlaub
© JAN-CHRISTOPH ELLE

Klassenraum vor dem ersten Schultag © PRIVAT

Mathematikunterricht: Erklärphase für den neunten Jahrgang © JAN-CHRISTOPH ELLE

Sachunterricht im Watt © Jan-Christoph Elle

Abendstimmung auf der Schulwarft © privat

Am Süderdeich: Die Hallig in Gold getaucht © JAN-CHRISTOPH ELLE

Sonnenuntergang genießen mit Ella © JAN-CHRISTOPH ELLE

Sturmflut und Landunter konnte das Meer dort dann größere Schäden anrichten. Kamen die Nager bei Landunter auf die Warften, war es an den Halligbewohnern, zur Jagd zu blasen und den Tieren auf rabiate Weise den Garaus zu machen.

»Moin«, rief ich meinem Nachbarn Freddie zu, der wie ich auf halber Warfthöhe die Wasserlinie entlangschritt, »auch auf Rattenjagd?«

»Jo«, nickte er und schulterte sein Gewehr. »Sach man Bescheid, wenn du die Viecher siehst. Sin ja auch 'ne Plage dieses Jahr. Fressen alles kaputt. Aber nu kommen se mit dem Wasser hoch auf die Warften. Dann kriegen wir se!«

Während wir dort standen und schnackten, sah ich im Augenwinkel direkt vor unseren Füßen einen kleinen, räudig aussehenden Nager, der mit glänzenden Knopfaugen zu uns hochguckte. »Da ist eine!«, rief ich und zeigte auf das Tier.

Ein ohrenbetäubender Knall!

Ein kleines Blutrinnsal aus dem Rattenkopf verlor sich im Meerwasser.

»Gut gesehen!«, lobte mich der Nachbar mit hochgestrecktem Daumen und ging siegesgewiss weiter auf die Jagd. Die Ratte vor meinen Füßen wurde von den Wellen hin- und hergerollt. Noch nie zuvor hatte jemand vor mir eine Waffe abgefeuert. Ich war froh, dass Ella diese Begegnung erspart geblieben war. Sie würde noch früh genug mit diesem Aspekt des Landunters Bekanntschaft machen.

Der Knall hallte in meinen Ohren nach. Es wehte ein rauer Wind hier oben im Norden. Hätte ich geahnt, dass im selben Moment auf einer Nachbarwarft die Bewohner mit Spaten und Forken bewaffnet gegen die Rattenplage ankämpften, hätte ich mich wohl neben die Ratte geworfen und gewimmert.

Ich bin die Halliglehrerin

»Was machen Sie denn so als Halliglehrerin? Gibt es da Aufgaben, die Sie auf dem Festland nicht haben?«

Das Medieninteresse war ungebrochen. Keine zwei Wochen war ich auf der Hallig gewesen, als das erste Filmteam anklopfte und einen Beitrag für den NDR drehen wollte. Genau wie ich seinerzeit alle Dokumentationen und Reportagen zum Leben auf einer Hallig geradezu verschlungen hatte, schienen auch Berichte über meine Entscheidung, ein Leben als Halliglehrerin auf Hooge zu führen, ihr Publikum zu finden. Weitere Anfragen und Interviews folgten, und nun saß ich in meinem Büro und telefonierte mit einer engagierten Journalistin, die einen Podcast über mich und meine Arbeit bringen wollte. Mein Blick ruhte auf der Horizontlinie, die das graue Blau des Himmels vom grauen Braun des Wattes trennte. Ich lächelte über die Frage. Eine Aufgabenbeschreibung für die Halliglehrerin – lassen Sie mich mal überlegen.

»In erster Linie unterrichte ich natürlich. Ich bereite Unterricht vor und nach, entwickle Klassenarbeiten und Unterrichtsmaterial, da gibt es von der Aufgabe her keinen Unterschied zum Festland. Lediglich der Inhalt und der Umfang sind deutlich umfassender. Na ja, darüber hinaus arbeite ich im Büro, mache Bestellungen, beantworte Mails, führe Telefonate, setze mich mit Verlagen und Ämtern auseinander. Außerdem gibt es die Statistik, die ich eintragen muss. Termine und Jahresplanungen muss ich organisieren und mit den Eltern Kontakt halten. Manchmal lege ich aber auch Hand an beim Saubermachen oder Reparieren. Im Übrigen ist in den letzten zwei Jahren eine Menge liegen geblieben, und die meiste Zeit räume ich noch auf und versuche, eine Grundstruktur reinzukriegen, was Räume und Material betrifft.«

»Sie sind also Lehrerin, Bürokraft, Hausmeisterin und Reinigungskraft in einem.«

»Wenn man so will.« Ich lehnte mich zurück.

Das Telefonat hatte mich aus der Vorbereitung eines Mathetests für die vierte Klasse geholt. Zur einfacheren Organisation stand morgen gleich in mehreren Jahrgängen ein Test an. Die Idee fand ich ursprünglich gut, doch jetzt wurde mir klar, dass es keine Rolle spielte, ob ich eine Arbeit für ein Kind oder 25 Kinder erstellte. Der Zeitaufwand war derselbe. Nun musste ich sechs unterschiedliche Tests zusammenstellen, die den Themen und Anforderungsniveaus der einzelnen Jahrgänge gerecht wurden. Seufzend stand ich nach dem Telefongespräch auf und ging runter in meine Küche, um mir einen Tee zu kochen.

Ich genoss den Umstand sehr, direkt im Schulgebäude zu wohnen. Wenn der Herbstwind über die Hallig fegte und der Regen waagerecht dahinschoss, musste ich nicht einmal einen Fuß nach draußen setzen. Ich verließ einfach meinen Wohnungsflur und stand bereits im Schulflur. Auch das Büro im Obergeschoss lag Tür an Tür mit dem Wohnungsflur. Als das Wasser kochte, hörte ich oben im Büro das Telefon klingeln. Die Wohnsituation hatte neben allen Annehmlichkeiten natürlich den Nebeneffekt, dass man nie ganz von der Arbeitsstelle weg war, was mich aber gar nicht störte. Vielmehr zählte ich die Schule mittlerweile mit zu meinem Zuhause. Ich nahm zwei

Stufen auf einmal und erwischte gerade noch den Hörer, bevor der Anrufer auflegte.

»Moin! Hat sich die Frau vom Tanzkurs schon bei dir gemeldet?«

Es war Hajo aus dem Gemeindebüro. Er kümmerte sich um die Schule und war sozusagen mein Schatzmeister. Bestellungen, Rechnungen und Anschaffungen gingen über seinen Schreibtisch. Ich warf einen Blick auf meinen Kalender. Kein Eintrag.

Ich antwortete: »Moin! Nee, nicht, dass ich wüsste.«

»Im Frühjahr soll wieder ein Kurs in der Turnhalle stattfinden.«

»Okay?«

»Ja, passt das dann?«

»Äh, bestimmt. Wenn das in den Osterferien ist, sind wir ja nicht in der Halle, und sonst können die doch nachmittags da rein.«

»Alles klar. Die wird sich dann bestimmt noch bei dir melden. Du bist die Hausherrin.«

»Okay!«

Hausherrin, das klang echt toll. Kleine Notiz an mich für das nächste Interview: Lehrerin, Bürokraft, Hausmeisterin, Reinigungskraft und Hausherrin. Ich kicherte kopfschüttelnd und vertiefte mich wieder in die Mathearbeiten.

Nach knapp drei Stunden fuhr ich den Laptop herunter und widmete mich endlich dem Teebeutel, der noch immer trocken im Becher in der Küche hing.

Am nächsten Morgen rüttelte der Westwind wütend an den Dachpfannen. Es rauschte und brauste. Als ich die Schultür öffnete, stolperten Aukje und Enno in den Flur.

»Hör mal, wenn ich laufe!«, rief Enno und lachte. Er stapfte über die Fliesen und hinterließ mit seiner tropfenden Regenkleidung eine Spur bis zur Garderobe. Das Geräusch ließ erahnen, wie es in seinen Gummistiefeln aussah. Und wirklich, als er sie auszog, kippte ich wohl je einen halben Liter Regenwasser ins Waschbecken. Die Kinder schüttelten sich wie junge Hunde, die aus dem Meer ans Ufer gekommen waren, und lachten. Schnell holte ich aus meiner Sockenschublade ein paar dicke Wollsocken für die zwei. Die nachfolgenden Kinder erreichten die Schule mit dem Auto. Sie stürmten ins Haus, damit sie auf dem Weg vom Auto zum Eingang nicht zu nass wurden.

Im Klassenraum dampften alle in der warmen Heizungsluft vor sich hin, während draußen der Regen waagerecht ans Fenster schlug. Alles war irgendwie klamm und dennoch gemütlich hier drinnen.

Aukje kaute an ihrem Bleistift und starrte aus dem Fenster. Plötzlich ein Aufblitzen in ihren Augen, eine Erkenntnis, und sie schrieb das Ergebnis einer weiteren Rechenaufgabe auf ihr Blatt. Jelko stöhnte und fluchte vor sich hin. Wenigstens tat er es diesmal so leise, dass die anderen sich weiter auf ihre Aufgaben konzentrieren konnten. Demonstrativ legte Gesche ihren Stift auf den Tisch. Natürlich – sie war bereits fertig mit ihrer Mathearbeit.

»Gesche Jahrgangsaufstieg zum Halbjahr?«, notierte ich, als Broder plötzlich seinen Anspitzer vom Tisch fegte. Die Anspitzreste lagen unter seinem Stuhl verteilt. Umständlich und langsam erhob er sich, um alles einzeln aufzusammeln. Dieses Zeitschinden hatte ich schon des Öfteren bei ihm beobachtet. Ruhig ging ich zu ihm und ahnte die Ursache seiner Vermeidungsstrategie. Die meisten Rechenaufgaben seiner

Arbeit waren bereits gelöst. Was übrig blieb, war die Textaufgabe. Ich legte ihm meine Hand auf die Schulter.

»Das machen wir später zusammen sauber. Setz dich wieder.«

Widerwillig ließ er sich auf seinem Stuhl nieder. Ich ging in die Hocke, meine Knie knackten, er grinste. Leise las ich ihm die Textaufgabe vor.

»Was kann man bei dieser Aufgabe fragen? Was könnte man herausfinden?«

»Hm, was die bezahlen müssen, würde ich sagen«, flüsterte er.

»Richtig.« Ich notierte die Frage auf seinem Blatt. »Und wie kannst du das ausrechnen?«

Broder schnappte sich den Stift und schrieb die richtige Rechnung samt Lösung auf.

»Und, Broder, was ist jetzt die Antwort auf die Frage?«

»Na, sie müssen insgesamt 39 Euro bezahlen.«

Ich lächelte ihm anerkennend zu, während ich den Antwortsatz für ihn notierte.

Er musste dringend gefördert werden.

Am Nachmittag rief ich beim Förderzentrum an, um nach Unterstützung zu fragen.

»Ja, Frau Warda, am besten wenden Sie sich erst mal an den LRS-Beauftragten Ihrer Schule.« Es schien also Kollegen und Kolleginnen zu geben, die die Koordination der Förderung von Kindern mit einer Lese-Rechtschreib-Schwäche organisierten. An größeren Schulen sicherlich. Mit einem müden Lächeln ließ ich meinen Blick aus dem Bürofenster über das Meer schweifen und folgte den Möwen, die dort flogen.

»Ja, wissen Sie, das müsste ich dann wohl selbst sein, denn ich bin ja die einzige Lehrkraft hier vor Ort«, merkte ich an und sorgte für eine kleine Kunstpause am anderen Ende des Apparats. Es stellte sich aber heraus, dass die Festlandschule, die mich mit Rat und Tat unterstützte, wenn ich darum bat, auch über eine Beauftragte in diesem Bereich verfügte. Also wählte ich die Nummer der Festlandschule und trug mein Anliegen vor. Das Meer war zwar gewaltig, aber nicht unüberwindbar, und in zwei Wochen würde jemand zu uns rüberkommen. Dann würde eine Diagnose gestellt und die Förderung gemeinsam geplant werden. Ich war zuversichtlich.

In der Pause tobten die Kinder auf der Warftkante herum. Auch die Kleinen vom Kindergarten waren dabei, und ich beobachtete, wie Jelko dem kleinen Tamme, dem kleinen Bruder von Liv und Leni, immer wieder den Ball zurollte. Ein leichter Eisregen hatte wieder eingesetzt, aber das beeindruckte die Kinder überhaupt nicht. Es war schon was Besonderes, ein Halligkind zu sein. Sie spielten alle zusammen. Auch als Jugendliche rannten sie über den Schulhof, spielten Fangen, bolzten mit den Jüngsten den Fußball gegen die Wand. Sie mussten sich nicht beweisen, nicht verbiegen, sich nicht in einer Peergroup behaupten. Sie waren einzigartig und konnten genau das auch ausleben. Und während sie auf der Hallig bis zum Schluss unbekümmert spielen konnten, mussten sie nach der neunten Klasse plötzlich allein weitergehen, die Hallig verlassen und sehr schnell erwachsen werden. Es war schon was Besonderes.

Ich saß auf der Treppe vor dem Eingang zum Kindergarten und sah dem Treiben zu. Jelko setzte sich neben mich und biss herzhaft in sein Pausenbrot.

»Wie geht's eigentlich weiter, wenn du hier den Abschluss hast?«, fragte ich ihn.

Er kaute ein paarmal und zuckte mit den Schultern. »Mal gucken«, meinte er, »wenn's reicht, könnte ich die Zehnte ja in Tingleff machen.«

»Tingleff?« Ich sah ihn fragend an.

»Ein deutsches Internat in Dänemark. Da kann man die neunte und zehnte Klasse machen, mit Abschluss. Machen einige.« Er schluckte den Rest seines Pausenbrots herunter.

»Aber ich weiß gar nicht, ob ich das wirklich will. Würde lieber 'ne Ausbildung machen.«

»Hast du schon eine Idee, als was?«

Sein Blick richtete sich auf den Horizont. Er fuhr sich mit der Hand durch die Haare, die aktuell die Farbe von flüssigem Blei hatten.

»Nicht so einfach. Muss dann ja rüber und erst mal was finden, wo ich dann auch wohnen kann. Vielleicht bei meiner Tante oder so.«

»Okay, aber was würdest du gern lernen?«, beharrte ich auf meiner Frage.

»Am liebsten was mit Maschinen, das wär cool. Dann kann ich später wiederkommen und den Hof von meinem Vadder übernehmen.« Er stand auf und zog seine Hose hoch, die auf seinen schmalen Hüften kaum Halt fand und um die schlaksigen Beine flatterte. Für ihn war das Thema ausreichend besprochen, und er schlenderte runter zur Nestschaukel. Bald würden die Abschlussprüfungen für Jelko beginnen. Die Zeit rannte, während er dort die Warft hinunterschlenderte.

Die Fenster des Klassenraums standen offen, und ich hörte jemanden Gitarre spielen, also zumindest die Saiten des

Instruments begeistert anschlagen. Dazu brüllte Gesche: »Klaun, klaun, Äppel wullt wi klaun.«

Als ich nachschaute, sah ich Gesche und Ineke im kleinen Nebenraum sitzen. Sie amüsierten sich köstlich. Das erste Mal hörte ich Ineke allein singen und war überwältigt von der Kraft und der Klarheit ihrer Stimme. Als sie mich bemerkte, hörte sie sofort auf zu singen und blickte beschämt nach unten.

»Ich hatte ja keine Ahnung, was für eine fantastische Singstimme du hast«, sagte ich staunend und fasziniert. Sie wurde rot und lächelte.

»Ja, zu Hause sing ich manchmal und spiel ein bisschen Keyboard dazu«, gab sie bescheiden zu.

»Aber sie würde viel lieber Gitarre lernen«, rief Gesche dazwischen.

»Ist das so?«, fragte ich zu Ineke gewandt.

Sie nickte.

»Wenn du möchtest, kann ich dir ein bisschen was beibringen. Ich kann zwar auch nur die Akkorde und das ein oder andere Zupfmuster, aber zum Begleiten reicht es allemal. Ich hätte auch Lust, mal wieder mit jemandem zusammen zu musizieren.«

Ich rechnete nicht damit, dass sie auf meinen Vorschlag eingehen würde. Umso überraschter war ich, als sie mich begeistert ansah.

»Ja, total gern. Ja!«

»Okay, abgemacht. Treffen wir uns einmal in der Woche?«

»Ja, perfekt. Montags?«

»Passt. Um vier?«

»Abgemacht!«

Beschwingt verließ sie den Raum und ging mit Gesche zu den anderen.

Als wir nach der Pause wieder im Klassenraum waren, rieben die Kinder ihre kalten Hände aneinander. Ich schaltete das Licht ein. Die neuen Lampen waren fantastisch. Man konnte sie in drei Helligkeitsstufen schalten. Sie surrten nicht und gaben ein angenehmes Licht. Ich verteilte die wöchentlichen Kopfrechenzettel, als Jelko plötzlich aufstand.

»Alles in Ordnung?«, fragte ich.

Er räusperte sich etwas umständlich und fuhr sich mit der Hand durch den zerzausten Haarschopf.

»Frau Warda, nach den letzten zwei Lehrerinnen haben Sie es am längsten mit uns ausgehalten. Sie sind spitze! Das wollte ich mal sagen.«

Er sah mich ruhig an und begann, in die Hände zu klatschen. Ich bekam eine Gänsehaut. Als alle anderen Kinder aufstanden und ebenfalls applaudierten, wurde mir warm, und ich spürte die Röte in meine Wangen steigen. Die Kinder strahlten, und ich strahlte zurück.

»Ich bin echt gern hier bei euch.« Der Applaus setzte noch einmal an.

Die Weihnachtsfeier

Fast 1,80 Meter Körpergröße saßen zusammengefaltet wie ein Zollstock vor mir und bestanden darauf, die Maus in unserem Weihnachtsmärchen zu spielen. Ich hatte Jelko als König vor mir gesehen, als ich das Stück ausgewählt hatte, doch er schüttelte vehement den Kopf.

»Nee, viel zu viel Text«, entschied er. Selbstbewusst setzte er die Mäuseohren auf, stellte sich auf die Bühne und sprach: »Piep, Dornröschen, schau ihn an. Er ist nicht der richtige Mann.«

Die Kinder kicherten, und es traf mich wie ein Blitz, welch geniales theatrale Mittel dort verkörpert wurde. Es war gut, zwischendurch den geplanten Weg zu verlassen, die Leitplanken, die Sicherheit und Halt versprachen, einfach mal aufzubrechen und freies Straucheln zuzulassen. Manchmal kamen da ganz bemerkenswerte Sprünge zustande.

Mittlerweile übten wir unser Stück jeden Tag. Gesche begann als Erzählerin und leierte ihren Text mittlerweile herunter wie den Beipackzettel einer Mückenstichsalbe.

»Es war einmal ... ja, so beginnen fast alle Märchen der Gebrüder Grimm. Sie enden meistens mit dem Satz: Und wenn sie nicht gestorben sind, dann leben sie noch heute. Dieses Märchen aber beginnt mit folgendem Satz: Der schöne Prinz beugte sich über das schlafende Dornröschen, gab ihr einen Kuss und weckte sie damit nach hundert Jahren aus dem Schlaf auf. Das Märchen heißt: *Als Dornröschen zweimal wachgeküsst wurde.* Warum das geschah, das seht ihr jetzt.«

Sie stapfte von der Bühne und ließ sich wohlgefällig auf einem Hocker nieder. Textsicher war sie ohne Frage, und ich war zuversichtlich, dass sie vor Publikum ihre Theaterstimme wiedererwecken und die Zuschauer begeistern würde.

Gerade hüpfte der kleine Froschkönig – personifiziert vom bewegungsfreudigen, wissbegierigen Enno – von der Bühne, als die Königin über ihren Text stolperte.

»Jetzt hast du ihn weggeigelt.«

»Faaaaalsch«, brüllte die Klasse, und Ineke bekam einen ihrer sehr ansteckenden, glucksenden Lachanfälle, die sich gern auch zu einem handfesten Schluckauf auswuchsen.

»Weggeekelt! Nicht geigelt! Das ist doch ein Frosch, du Döskopp, kein Igel!«, dozierte Gesche und rollte mit den Augen.

»Jetzt hast du ihn weggekegelt«, sprach die Königin konzentriert royal.

»Hicks«, machte Ineke.

Jelko wieherte vor Lachen, und Broder sagte mit ernster Miene: »Da steht doch weggeekelt, weg-ge-e-kelt!«

»Ich krieg das nicht hin! Ich kann das nicht aussprechen.«

»Weg-ge-e-kelt«, erklang es im Chor. »*Freeze!*«, rief ich laut. Augenblicklich waren alle stumm und blickten mich erwartungsvoll an. Einzig Ineke schickte aus dem Off ein weiteres, fragendes »Hicks« auf die Bühne.

Aukje in der Rolle der Königin wollte sich gerade entschuldigen, weil ihr das Wort einfach nicht über die Lippen kommen wollte. Ich schüttelte den Kopf.

»Nein, Aukje, das ist – einfach genial so.«

»Hä?«

»Das ist so witzig! Bekommt ihr das auch bei wiederholtem Üben so spontan hin? Das können wir genau so drin lassen. Das wäre einfach super. Geht das?«

Und ob das ging. Dieser Running Gag begleitete fortan unsere Proben und verfehlte auch bei der Aufführung nicht seine Wirkung.

Mit Ineke traf ich mich nun regelmäßig montags um vier zum gemeinsamen Musizieren. Das eher scheue Mädchen, das vor zwei Jahren mit seiner Mutter aus Hamburg nach Hooge gekommen war und hier bei den Großeltern lebte, schien unsere Zweisamkeit und meine ungeteilte Aufmerksamkeit zu genießen. Sie war hier auf der Durchreise, das spürte man genau, die Hallig war für sie ein Ort, an dem sie zu sich kam. Er gab ihr Halt und Kraft, um sich dessen zu besinnen, was sie konnte und wollte. Für Ineke war klar, dass sie nicht auf Dauer auf Hooge bleiben wollte. Musik war ihr Ding, und sie träumte davon, später an der Stage School in Hamburg zu studieren. Ich war gerührt, als sie mir davon erzählte. Nicht viele Kinder in ihrem Alter hatten so klare Ideen für ihre Zukunft und ließen die Lehrerin in ihre Träume blicken. Aber durch die gemeinsame Zeit, die wir mit Singen und Gitarre spielen verbrachten, entstand ein schönes Vertrauensverhältnis zwischen uns, und Ineke taute spürbar auf. Die Hallig war ihr Heimathafen, und ich war für die Zeit hier ihr Beiboot, bis sie die Segel setzen und zu neuen Ufern aufbrechen würde.

Die Weihnachtsfeier war ein wichtiges Ereignis im Jahreskreis der Hallig, und ich spürte die hohe Erwartungshaltung. Seit zwei Tagen arbeiteten die Kinder an den Einladungskarten. Es wurde geschnitten und gemalt. Der Text musste handschriftlich auf jede Karte gebracht werden. Das wurde immer schon so gemacht, das bedurfte keiner Diskussion. Allein der verächtliche Blick auf den Computer war Argument genug. Schließlich machten sich einige Kinder auf den Weg und verteilten ihre Einladungen auf der ganzen Hallig. Währenddessen saßen wir mit einigen Eltern im Klassenraum und bastelten im Akkord. So hatte ich mir als Kind die Wichtelstube des Weihnachtsmannes vorgestellt, allerdings mit deutlich kleineren Wichteln. Unsere Kunstwerke sollten auf dem Basar während der Feier Absatz finden und so unsere Klassenkasse füllen.

»Jetzt seid ihr ja schon eine ganze Weile hier. Gefällt es euch noch?«, fragte mich Sanne, Gesches Mutter. Ich schaute in ihre strahlenden Augen. Das Haar fest zusammengebunden, beide Füße fest auf dem Boden stehend, saß sie vor mir und schnitt einen Engelsflügel aus. Der Flügel war klein mit runden Bögen, und mir fiel ein Spruch ein, der Lene und mich in unserer Jugend begleitet hatte: »Wir sind alle Engel mit einem Flügel und müssen uns umarmen, wenn wir fliegen wollen.«

Das Fliegen mit nur einem Flügel war mühselig. Ich vermisste Lene, trotz all der lieben Menschen, die ich hier gerade um mich hatte.

»Doch, doch, das kann ich schon sagen«, hörte ich mich antworten.

»Bei mir hat's ein paar Jahre gedauert, bis ich mich hier heimisch fühlte, und manchmal hab ich jetzt noch Heimweh, dabei bin ich schon seit 15 Jahren auf der Hallig«, meinte Anne, die Mutter von Jelko und Broder, und zuckte mit den Achseln.

Gesches Mutter lachte. »Na, du machst Manuela ja echt Mut.«

»Ich mein ja bloß«, erwiderte Anne etwas zerknirscht und sah mich verstohlen an. »Ist eben so.« Als rheinische Frohnatur mit Wurzeln im Kölner Raum waren ihr die Nordlichter bestimmt dann und wann eine Spur zu nüchtern, wortkarg und pragmatisch.

»Ich fühl mich echt wohl hier«, sagte ich, »in der Weihnachtszeit ist das zwar etwas schwierig, weil die Familie und Freunde so weit weg sind. Aber sonst … ist schon was Besonderes hier.«

»So sieht's aus!«, rief der Vater von Mara und erhob sich. »Ich muss nu los, Kühe füttern. Bis nächsten Mittwoch.«

Kurze Zeit später kamen die Kinder von ihrer Halligrunde zurück und hatten alle Einladungen verteilt. Wir räumten die Scheren und Klebestifte weg, und ich bot allen noch ein paar Weihnachtsplätzchen an. Jelko grinste breit und flüsterte geheimnisvoll: »Sind das etwa die besonderen Kekse?«

Die Eltern hielten inne und sahen uns fragend an. Die Kinder begannen zu kichern, was sich allmählich zu einem ungehaltenen Prusten entwickelte, als sie versuchten, den Eltern zu erklären, was es mit diesen besonderen Plätzchen auf sich hatte. Ihren Ursprung hatten sie an unserem Back- und Basteltag, den wir gemeinsam mit den Kindergartenkindern gestaltet hatten. Während die Kinder im Klassenraum Teig ausrollten und Förmchen hineindrückten, rannte ich mit den gefüllten Blechen rüber in meine Küche und kam mit leeren Blechen wieder zurück. Ein gutes Fitnesstraining, bis endlich unzählige Plätzchen auf einem großen Gruppentisch ausgebreitet auf ihre Verzierung warteten. Mehrere Schälchen mit buntem Zuckerguss sowie allerlei Zuckerstreusel standen bereit. Auf einmal ging ein Aufschrei durch die Reihen.

»Iiiiihhh! Die ess ich nicht mehr! Iiiiihhhh!«

»Bah, welche hat Tamme gemacht? Voll eklig!«

Tamme ließ sich durch diese Aufregung überhaupt nicht aus der Ruhe bringen. Mit seinen kleinen Fingern hielt er das kleine Engelchen aus hellem Teig fest und bestrich es mit grünem Zuckerguss. Als der süße Guss an seinen Fingern herunterlief, leckte er sie ab. Als auch vom Keks die Masse tropfte, folgte er seinem Instinkt und leckte auch diesen ab. Geschwind legte er den grünen Engel mit den blank geleckten Rändern zu den anderen Plätzchen, wo er in der Menge untertauchen konnte. Wie viele Tamme-Spucke-Plätzchen letztendlich doch in den Keksdosen verschwanden, ließ sich nicht mehr nachvollziehen. Auf jeden Fall hatten sich in seiner Kindergartentasche an diesem Tag viele bunte Weihnachtskekse befunden.

Schließlich räumten wir auf, und alle machten sich auf den Heimweg. Zuvor verabredeten wir uns ein letztes Mal zum Basteln am kommenden Mittwoch, am Samstag drauf würde die Weihnachtsfeier stattfinden.

»Wie, da kommt der Weihnachtsmann? Da kommt echt einer? Mit Geschenken?«

»Sicher«, erwiderte ich und grinste Ella an. Der würde kommen. Alles war organisiert.

Tische und Bänke wurden gebracht, der Klassenraum dafür leer geräumt. Auf dem Schulflur auf Tischen und Schränken lagen all die schönen Dinge bereit, die von den Besuchern gekauft werden konnten, und als es draußen langsam dämmerte, saßen mindestens sechzig, wenn nicht sogar siebzig Menschen dort beisammen, knabberten bunte Engelplätzchen und schnackten miteinander. Als in unserem Theaterstückchen zum wiederholten Mal »meine königliche Lieblichkeit« dahingeflötet wurde, der Frosch weggekegelt war und die Maus dem Dornröschen mit einem sonoren Piep zur Seite stand, lachte der ein oder andere im Publikum so sehr, dass die Kinder kurz innehielten, damit er sich wieder beruhigen konnte.

Es ging zum gemütlichen Teil über, und all das Lampenfieber und all die Anspannung fielen von den Kindern ab. Ich nahm mir die Gitarre und setzte mich auf die Bühne. Sofort kamen die Kinder zu mir gelaufen und umringten mich. Wir stimmten *Alle Jahre wieder* an, und die Halligbewohner setzten ein. »... kommt das Christuskind, auf die Hallig nieder, wo wir Menschen sind«, sang Broder neben mir aus vollem Hals, und in seinen Augen spiegelten sich die Kerzen, die auf den Tischen vor sich hin flackerten. Mit einem Mal ging ein Raunen durch die Reihen. Ein Flüstern hier, ein Anstupsen dort.

»Er ist da. Er kommt.«

Und da stand er, kein Christkind, sondern der leibhaftige Weihnachtsmann in voller Montur mit einem prall gefüllten Jutesack. Ehrfürchtig wichen die Kinder zurück, und ich gab meinen Stuhl frei, damit er dort Platz nehmen konnte. Gemächlich griff er in den Beutel und zog ein rot-grün kariertes Päckchen heraus. Er bewegte es hin und her und entdeckte den Namen.

»Jelko!«, rief er.

Mit hochrotem Kopf und breitem Grinsen stellte sich Jelko vor den Weihnachtsmann und sah jetzt noch länger und dünner aus, als er ohnehin schon war.

»Hest du denn ok een Gedicht för mi?«, fragte der Bärtige, und Jelko räusperte sich, hob theatralisch den Kopf und sprach: »Wiehnachtsmann, kiek mi an, nen lütten Jung bin ik man. Veel to seggen heff ik nich, Wiehnachtsmann, vorgeet mi nich.« Er bedankte sich mit einer tiefen Verbeugung und zog mit seinem Geschenk von dannen.

»Aukje!«, rief der Weihnachtsmann nun, doch Aukje verschwand hinter Nommen. Ihr Bruder nahm sie bei der Hand und sagte: »Ich komm mit dir.« Aukje staunte ihn an, dann machte sich ein strahlendes Lächeln auf ihrem Gesicht breit, und sie stellten sich zusammen auf.

»Ich komm auch mit!«, krähte Enno, und so standen die Bruns-Kinder vor dem Weihnachtsmann und sangen für ihn *O du fröhliche.* Stolz präsentierten sie sich gegenseitig ihre Geschenke.

Ein ums andere Geschenk zauberte der Weihnachtsmann aus seinem Sack, geduldig hörte er sich *Wiehnachtsmann, kiek mi an* an, so oft es auch aufgesagt wurde, bis wirklich jedes Kind im Raum beschenkt war.

»Was hast du bekommen?«, fragte Gesche und setzte sich neben Ella auf die Bank.

»Ein Walkie-Talkie! Total cool! Und du?«

»Guck mal, dieses Füllerset mit Tintenfass. Mega, oder?«

Ja, das ganze Fest war mega.

Später nahm ich meine Gitarre und nickte Ineke aufmunternd zu. Sie räusperte sich, spielte ein paarmal sichtlich nervös mit ihrem Piercing, räusperte sich erneut und begann, mit ihrer unvergleichlich warmen und klaren Stimme *Have Yourself a Merry Little Christmas* zu singen. Große Augen bei allen Anwesenden. Ich war so stolz auf sie.

Als sich die Feier ihrem Ende entgegenneigte, ergriff ich die verbeulte Trompete, die ich im Keller gefunden hatte, und intonierte *Stille Nacht, heilige Nacht.* Als die Töne durch das Treppenhaus hallten, wurde es ganz still. Da saßen sie mit leuchtenden Augen, meine kleinen und großen Schulkinder und ihre Lieben und mittendrin meine kleine Ella. Geertje und ihr Mann, mein Nachbar Freddie, der furchtlose Rattenjäger, und Emma, meine Retterin aus allen Lebenslagen.

Als auch die letzten Besucher aufgebrochen waren, räumte ich noch auf und fand lächelnd ein einsames Plätzchen auf dem Tisch. Ganz ohne Zuckerguss, ein Engel, dem ein Flügel fehlte.

Lewer duad üs Slav

Ich ließ das Buch von Sebastian Fitzek sinken und schaute aus dem Fenster. Es war mitten am Tag, und ich las ein Buch. Dafür hatte ich auf dem Festland nie Zeit gehabt. Einen Satz wie »Das mach ich eben noch schnell« benutzte ich hier gar nicht mehr.

Wie war ich seinerzeit von Ort zu Ort gehetzt. Von der Arbeit nach Hause, Mittagessen für die Kinder zubereiten, Hausarbeit, Kind zum Reiten bringen, schnell zur Post, kurze Ruhepause in der Warteschlange vor der Autowaschanlage, dann noch eben einkaufen, schneller Krankenbesuch beim Nachbarn, Kind vom Reiten abholen, Hausaufgaben, Hausarbeit, Essen machen, Rasen mähen und abends, wenn alles zur Ruhe kam, ran an den Schreibtisch. Was für einen Stress ich mir immer gemacht hatte.

Hier gab es keine Autowaschanlage, keine Post, keinen Reitunterricht. Der einzige Stressfaktor hier bestand darin, ob man es noch rechtzeitig zum Halligkaufmann schaffte, bevor er um 17 Uhr schloss. Um die Uhrzeit war ich ohnehin nicht mehr unterwegs. Die Tage waren extrem kurz, um 17 Uhr war es bereits finsterste Nacht draußen. Früher fühlte ich mich unwohl in der Dunkelheit, doch erst hier hatte ich erfahren, wie sich richtige Dunkelheit anfühlte. Wenn man draußen auf der Warft stand, der Mond von den Wolken verdeckt, war die Schwärze um einen herum so undurchdringlich, als hätte man die Augen fest verschlossen. Dabei waren sie weit aufgerissen, alle Sinne waren geschärft, man spürte den Wind an jeder Hausecke aus der Entfernung, man hörte jeden Flügelschlag der Vögel, roch das Salz in der Luft. Und wie durch eine Schocktherapie machte mir diese Finsternis nichts mehr aus. Manchmal genoss ich sie sogar, weil sie alles gnadenlos schluckte, weil sie für Ruhe sorgte.

Draußen war es grau. Mein erster Halligwinter. Vergeblich suchte ich die Horizontlinie. Himmel und Meer waren von der gleichen grauen Farbe, ebenso das Land. Als wären das Blau und das Grün des Sommers mit Schwarz vermischt und verschmutzt worden. Die Sonne ließ sich schon seit Tagen nicht mehr blicken.

»Ganz schön trostlos«, seufzte ich.

Auf dem Sommerdeich zeichnete sich eine dunkle Gestalt ab, die sich Richtung Westen bewegte. Vom Wind getrieben lief sie dahin. War sie auf der Flucht? Oder hatte sie selbst etwas Schlimmes vor? War es ein verirrter Spaziergänger, dem etwas Furchtbares zustoßen würde? Die Kulisse vor meinen Augen schrie nach Krimigeschichten und Thrillern. Ob Sebastian Fitzek sich in solchen Gegenden zu seinen genialen Büchern inspirieren ließ? Ich legte das Buch auf den Wohnzimmertisch und ging in den Schulflur. Wenn wir auch die Szenerie für das Verbrechen allgegenwärtig um uns hatten, war es ausgesprochen ruhig auf der Hallig. Meistens jedenfalls.

Ich erinnerte mich, wie ich vor einiger Zeit zum ersten Mal bedauert hatte, dass es hier keine Polizei gab. Es war schon spät am Abend. Ich hatte mich auf dem Sofa zusammengerollt und döste über einem Hörbuch, als das Telefon klingelte. Am anderen Ende war eine ziemlich aufgelöste Geertje.

»O Gott, o Gott, der haut den gleich um«, wimmerte sie.

Ich runzelte die Stirn, setzte mich auf und versuchte angestrengt, Geertjes aufgeregten Worten zu folgen.

»Moment, Moment, wer haut wen gleich um?«, fragte ich ungläubig.

»Der Hans. Du weißt schon. Hans von nebenan«, weinte sie.

Ich war Hans noch nie begegnet, aber das tat jetzt nichts zur Sache.

»Was ist denn passiert?«, wollte ich wissen.

Geertje versuchte, mir zu erklären, dass Hans unfassbar wütend auf Piet war. Ich wusste auch nicht, wer Piet war, doch auch das spielte keine Rolle. Später erfuhr ich, dass Piet einer meiner Nachbarn war, jedenfalls zeitweise. Er lebte wohl bei seiner Mutter, meiner Warftnachbarin Klara, wenn er nicht gerade als Schlosser irgendwo auf Montage war. Das war wohl der Grund, warum Geertje mich anrief, damit ich wusste, was los war, wenn draußen auf einmal Geschrei und Tumult zu hören waren. Auf jeden Fall konnten Hans und Piet sich wohl schon seit Ewigkeiten nicht ausstehen, und jedes Mal, wenn Piet einen Fuß auf die Hallig setzte, ließ der Ärger mit Hans nicht lange auf sich warten.

»Das war schon bei deren Alten so«, seufzte Geertje weiter und erzählte von den Vätern der beiden und deren Vätern.

»Aber warum ist das jetzt so eskaliert?«, fragte ich, um die historischen Zusammenhänge ein wenig abzukürzen. Ich wurde aus Geertjes Ausführungen nicht ganz schlau, da sie immer wieder durch ein »O Gott, o Gott!« oder ein »Da brüllt er wieder!« unterbrochen wurden. Hans hatte wohl irgendwas nicht so Nettes über Piet rumgetratscht, was Piet dann beim Besuch im Friesenpesel erfahren hatte. Was genau, verstand ich nicht. Das Problem aber war, dass Piet anschließend schnurstracks zu Hans marschiert war, um ihn zur Rede zu stellen. Hans war wohl seinerseits ordentlich betrunken, was dazu beitrug, dass die Hemmschwellen auf beiden Seiten kaum mehr vorhanden waren. Tumult im Paradies.

»Wo ist der Hans denn? Kannst du nicht rübergehen und ihn ein bisschen beruhigen oder ihm irgendwas ins Bier schütten, damit er schläft?«, warf ich ein und versuchte, ein wenig Humor in ihre Panik zu säen. Im selben Moment wurde mir klar, dass das ein reichlich kläglicher Vorschlag war und vollkommen wirkungslos. Geertje würde den Teufel tun und sich zwischen die beiden Streithähne begeben. Sie war Zaungast, stand nebenan am Fenster und hörte nur dem Toben zu, das von Zeit zu Zeit aus dem Nachbargebäude nach draußen drang.

»Dann hoffen wir mal, dass er sich bald ausgetobt hat, bevor er irgendwelche Dummheiten macht«, meinte ich, um einen betont sachlichen Tonfall bemüht.

Wir telefonierten noch eine ganze Weile, und Geertje erzählte mir von früheren Geschichten. Wenn es zum Streit kam, hatten die Streithammel sich geprügelt und hinterher zusammen ein Versöhnungsbier getrunken, erzählte sie mir. Na, ganz anders schien es in der heutigen Zeit auch nicht abzulaufen. Irgendwann meinte Geertje, dass es nebenan still geworden sei.

»Hans ist wohl eingeschlafen«, hoffte ich.

»Jo, das denke ich auch. Dann ist ja endlich wieder Ruhe, und du kriegst hoffentlich auch keinen Krach auf deiner Warft«, sagte Geertje. Das hoffte ich ja nun auch. Mir war ganz und gar nicht danach, meiner Achtjährigen erklären zu müssen, warum sich denn nachts hier mitten im Meer, auf dem friedlichsten Fleckchen Erde, das man sich vorstellen konnte, zwei erwachsene Männer lautstark wie die Kesselflicker anbrüllten, beleidigten und verfluchten.

Geertje und ich wünschten uns eine geruhsame Nacht und verabschiedeten uns. An jenem Abend war ich noch mal runtergelaufen und hatte die Haustür ausnahmsweise mal abgeschlossen.

Im Schulflur lag meine Post. Darunter war auch ein kleines Päckchen, das ich schon sehnsüchtig erwartet hatte. Es war die Nordfriesenflagge. Ich hielt den weich fließenden, glatten Stoff in die Höhe und fühlte mich sehr patriotisch. Auf blau-rot-gelb gestreiftem Grund sah ich das Wappen. Eine Krone, ein Kessel und ein halber Adler. Beim ersten Volksfest der Nordfriesen sollte diese Flagge im Jahr 1844 erstmals in Bredstedt gehisst worden sein. Die Krone stand angeblich für den dänischen König, dem die nordfriesischen Gebiete in damaliger Zeit angehörten. Der Kessel, der eigentlich einen Grütztopf darstellte, sollte ein Symbol für Brüderlichkeit sein, und der halbe Adler, so hieß es, versinnbildlichte die von den deutschen Kaisern verbürgte Freiheit der Friesen. Brüderlichkeit, Gleichheit, Freiheit. Schlagwörter der Französischen Revolution, die ich hier wiederfand. Darunter stand die Parole, die Einzug in unsere nächste Schulstunde erhalten sollte: »Lewer duad üs Slav« – Lieber tot als Sklave.

»Was bedeutet euch das?«, fragte ich meine Schülerinnen und Schüler, nachdem ich die Flagge an der Tafel aufgehängt hatte.

»Wir lassen uns nix sagen von den Herren da oben«, sagte Jelko wohlgefällig und verschränkte die Arme vor seiner Brust.

»Wir sind unser eigener Chef«, fügte Gesche hinzu und nickte.

»Na ja, bis auf die Sachen, die Frau Warda sagt«, meinte Ineke leise.

»Ja, okay. Frau Warda, hier sind Sie der Chef, aber sonst lassen wir uns nix vorschreiben«, schränkte Jelko seine erste Aussage ein.

Ich blickte in die Gesichter der Kinder. Sie grinsten allesamt. Stolz, naseweis und ganz schön selbstbewusst saßen sie da.

»Hier gibt's keine Matrosen. Hier gibt's nur Kapitäne«, hatte Geertje mal gesagt, als wir auf der Hanswarft den Kindern beim Spielen zugeschaut hatten. Ich mochte meine Kapitäne.

In der darauffolgenden Stunde arbeiteten die älteren Schülerinnen und Schüler selbstständig, und ich befasste mich mit den Grundschulkindern. Wir beschäftigten uns mit einer Heimatkiste, die sie anlegen sollten. Es ging darum, eine Sammlung von Gegenständen, Bildern und Texten anzulegen, die die eigene Heimat ausmachten. Die Nordfriesenflagge hing noch immer an der Tafel und gab die Farben vor, in denen die Kisten angemalt wurden.

»Da muss das Watt rein«, rief Broder.

»Das ist doch voll ekelig«, mokierte sich Aukje.

»Na, nicht in echt«, erklärte Broder, »das wird gemalt oder so.«

»Meine Heimat ist das Sofa und Netflix«, provozierte Ella und grinste.

»Ja, auch das gehört dazu«, grinste ich zurück.

»Was ist denn eigentlich Heimat?«, wollte Enno wissen und traf damit genau die Frage der Stunde.

»Heimat ist, wo man herkommt. Ist doch klar«, meinten die Zwillinge und nickten sich einverständlich zu.

»Na ja«, druckste Ella herum, »ich komme zwar aus Westerstede, aber ehrlich gesagt fühlt sich das hier eher wie Heimat an. Hier fühl ich mich wohl.«

Ich bekam eine Gänsehaut und hätte sie am liebsten in den Arm genommen. Wie sie dort saß, aufrecht auf ihrem Stuhl vor dem Fenster, hinter ihr das Meer. Sie hatte zwar immer noch nicht viel übrig für die Schule. Schule war doof, einfach aus Prinzip, befand sie. Doch eines hatte sich verändert. Sicherlich, Motivation suchte ich bei ihr noch häufig vergebens, aber jetzt gab es etwas, was die Hallig ihr geschenkt hatte. Sie wirkte ausgeglichen. Wir waren wirklich angekommen, hatten unseren Platz gefunden. Wir waren inmitten unseres Halligabenteuers, und es fühlte sich gut an.

Nach Unterrichtsschluss nahm ich die Flagge ab und legte sie langsam zusammen. »Lewer duad üs Slav«. Wäre ich bereit zu sterben, ehe ich mich unterwarf? Ich war Staatsdienerin, verbeamtet auf Lebenszeit. Ich hielt mich an curriculare Vorgaben, nutzte Zensurenschlüssel. War ich wirklich frei? Mein Blick schweifte durch den Klassenraum. Ein kleiner Bleistiftstummel mit Bissspuren lag auf Ennos Tisch.

Eins war sicher: Sklavin meiner Arbeit war ich nicht, denn ich liebte diesen Job. Einen Beruf ausüben zu dürfen, für den man brannte, war wohl eine der begehrenswertesten Freiheiten, die uns das Leben bieten konnte.

Crime time

Der Wind wehte frisch vom Meer herüber. Ich atmete tief ein und spürte die Kälte in meinem Hals und Rachenraum. Die Sonne hatte nur wenig Kraft zu dieser Jahreszeit, und die Wolkenberge schoben sich immer wieder davor. Ich ging den Steindeich Richtung Westerwarft entlang und fühlte mich lebendig. Im Westen ballten sich dunkle Wolken und verhießen nichts Gutes. Mit dem Wind würde der Regenschauer schnell herüberziehen. Um mich herum gab es keinen schützenden Unterstand, also marschierte ich einfach weiter. Als mich die ersten Tropfen erreichten, wurde ich gewahr, dass es sich um Eisregen handelte, der fast waagerecht in mein Gesicht peitschte. Ich drehte mein Gesicht aus dem Wind und hockte mich hin. Meine herrliche Halligjacke schützte mich, sie war wie ein wetterfestes Zelt. Als der Eissturm weiterzog, das Prasseln auf meiner Kapuze nachließ, stand ich langsam wieder auf, schüttelte die letzten Eisklumpen von meiner Jacke und setzte meinen winterlichen Spaziergang fort. Oben herum war ich trocken geblieben, doch die Jeans war vollkommen durchnässt. Auch der starke, eisige Wind konnte sie nicht trocknen.

Sobald ich wieder zu Hause war, zog ich sie aus. Meine Oberschenkel waren krebsrot.

»Du siehst aber verfroren aus«, meinte Ella.

»Es ist auch eiskalt draußen«, erwiderte ich und hielt ihr meine kalten Finger an die Wangen.

Sie quietschte auf. »Iiiihhhh! Warum gehst du denn auch raus bei dem Wetter?«

»Weil's cool ist.«

Sie schüttelte den Kopf und ging ins Wohnzimmer. Ich musste erst mal wieder warm werden. Mit einem frisch aufgebrühten Tee, dicken Wollsocken und Jogginghose kuschelte ich mich unter meine Bettdecke und fing an, auf meinem Handy zu daddeln. Während ich virtuelle Edelsteinchen hin und her in Reihen schob, damit sie zerplatzten, erhielt ich plötzlich einen Anruf. Anonym. Der einzige Mensch, den ich kannte, der auf Rufnummerübertragung verzichtete, war meine Mutter, doch sie rief immer nur auf dem Festnetz an.

Ich berührte den grünen Hörer und sagte zögerlich: »Ja?«

»Manuela?«

»Ja.«

»Endlich ...«

Die Verbindung war ziemlich schlecht. Es knackte und rauschte in der Leitung. Ich verstand nicht viel, nur ein » ... ich freu mich schon wahnsinnig auf dich.«

Eine sonore Männerstimme. Kannte ich diese Stimme? Erotisch und zugleich bedrohlich. Hatte ich mich mit jemandem verabredet? Nicht dass ich wüsste. Nach der Ausstrahlung der *Nordstory* im November hatte ich über verschiedene Plattformen Freundschaftsanfragen oder Nachrichten bekommen. Es waren Kontakte entstanden. Möglicherweise jemand aus diesem Zusammenhang? Mir wollte niemand einfallen. Ein eisiges Kribbeln jagte durch meinen Körper und verweilte im Nacken. Wer war das? Atmen am Ohr. Ein irritiertes Räuspern aus meinem Mund.

Es knackte, es rauschte.

»Jetzt dauert es nicht mehr lang.«

Aufgelegt. Stille.

Ich starrte auf mein Display. Unschuldig glitzerten wieder die Edelsteine, als wäre nichts geschehen. Langsam senkte sich meine Hand und blieb schlaff auf meinem Schoß liegen, das Telefon fest umklammert.

»Das war jetzt richtig gruselig«, flüsterte ich und schaute aus dem Fenster in die dunklen Wolkentürme, die kurz davor waren, ihre eisigen Wassermassen auf die Erde stürzen zu lassen.

Am Nachmittag war ich wieder unterwegs, zog meine Kreise über den Deich. Unruhe hatte mich ergriffen und trieb mich hinaus. Ich musste in Bewegung bleiben.

Eiskalt peitschte der Wind in mein Gesicht. Das Meer war giftig. Ich ließ meinen gehetzten Blick über die menschenleere Hallig streifen. Touristen gab es kaum noch. Von hinten schubsten mich Windböen voran.

In einiger Entfernung tauchte eine Gestalt auf. Ein Mensch, der sich gegen den Wind in meine Richtung schlug. Sollte ich besser umkehren? Der Wind schob mich weiter voran. Kein vertrauter Gang, keine bekannte Haltung, es war ein Fremder, er gehörte nicht auf die Hallig. Immer geringer wurde der Abstand zwischen uns, ich konnte bereits erste Konturen seines Gesichtes unter der Kapuze des Winteranoraks ausmachen. Der Wind schob mich. Nun trennten uns nur noch wenige Meter. Das Gesicht des Mannes wurde deutlich, er grinste. Stahlblaue Augen, die erst aufs wilde Meer gerichtet waren, dann direkt auf mich. Eine weiche Stimme, passend zur Haut, mit einem leichten Kratzen, passend zum dunklen Bart. War es die Stimme vom Telefon? Hier im Sturm konnte ich keine Übereinstimmung erkennen.

»Entschuldigung, aber es ist so witzig, wenn man die Menschen im Fernsehen gesehen hat und ihnen dann hier live begegnet«, sagte er und stand nur noch eine Armlänge entfernt.

Ich lächelte und nickte. Ein Tourist also. Er hatte im Fernsehen die Berichte über die Hallig gesehen. Er strahlte mich an, seine Augen funkelten wie Edelsteine.

»Ja. Allerdings ist die Hallig im Januar nicht annähernd so schön wie in der *Nordstory*«, erwiderte ich. Ich musste fast brüllen, weil der Sturm in meinen Ohrmuscheln wütete.

»Ach, ich finde es hier im Winter fast noch schöner. Es ist so wahnsinnig wild und ursprünglich.«

»In der Tat, man fühlt sich dann so lebendig.«

Er betrachtete mich stumm und nickte langsam. Eine verlegene Stille entstand.

»Tja, dann«, sagte ich, »wünsche ich noch einen schönen Urlaub.«

Wir gingen aneinander vorbei. Eine leichte Berührung der Ärmel. Ein eisiges Kribbeln. Er lächelte und trotzte wieder dem Gegenwind.

Danach begegnete ich niemandem mehr. Nur in der Ferne sah ich hin und wieder eine menschliche Kontur, einen Umriss, fast zu unwirklich, um mich zu beunruhigen. Doch ich war unruhig, verunsichert und besorgt. Zum ersten Mal erschien mir die Hallig nicht als ein sicherer Ort, an den man sich vom weltlichen Trubel zurückziehen konnte. Auf einmal fühlte es sich wie eine Falle an, aus der man nicht entrinnen konnte.

Doch ich wollte mich nicht verrückt machen lassen und kehrte kurzerhand bei Emma ein. Hier war ich immer willkommen, und wenn wir zusammen bei einem Gläschen Wein saßen, nahmen wir die Welt nicht zu ernst und konnten über vieles lachen.

»Der Meermann ruft«, witzelte sie, und wir malten uns aus, wie wir den mutmaßlichen Meermann überwältigten und unseren Schabernack mit ihm trieben. Als die Flasche Wein leer war, verabschiedete ich mich und spazierte wieder nach Hause. Es dämmerte langsam. Die dunklen Wolken hatten sich verzogen, und die ersten Sterne funkelten bereits, obwohl es erst fünf Uhr nachmittags war. Die Tage waren kurz hier im Winter, die Nächte umso länger.

Mit deutlich beschwingterem Schritt erreichte ich mein Zuhause und backte mit Ella Pfannkuchen zum Abendessen. Das Radio spielte den Song *Happy*, und wir scherzten herum.

Doch als die Nacht gänzlich über die Hallig kam, löste sich die Leichtigkeit auf. Ich saß allein im Wohnzimmer und schaute einen Film. Die Dunkelheit der Nacht drückte gegen die Fensterscheiben. Auf einmal hörte ich direkt vor dem Fenster ein Krachen, dann meinte ich ein Fluchen zu hören und gleich darauf das Gebell des Nachbarhundes, das die Nacht erfüllte. Ich schaltete den Fernseher stumm und lauschte. Außer dem wütenden Gebell war nichts mehr zu hören. Zögerlich ging ich zur Haustür, öffnete sie und starrte in den Garten. Erkennen konnte ich nichts. In jedem Krimi raufte man sich die Haare, wenn die Protagonisten wegen eines Geräusches in die dunkelsten Ecken krochen, um nachzuschauen, wer dort war, und damit direkt in ihr Verderben liefen. Und ich? Ich schlüpfte in meine Gummistiefel und ging mit meiner Taschenlampe bewaffnet raus, um nachzusehen. Mit dem begrenzten Lichtkegel leuchtete ich den Garten ab. Dann ging ich um die Hausecke, wo das Krachen hergekommen war. Unter dem

Wohnzimmerfenster, das recht hoch gelegen war, stand eine in die Jahre gekommene Holzkiste. Der Lichtschein traf auf den Deckel der Kiste. Gänsehaut überzog mich. Es war ganz deutlich zu erkennen. Das Holz war geborsten, zerbrochen durch eine plötzliche Belastung, die Schwere eines menschlichen Körpers vielleicht, einen Fuß, der hier das Holz beschädigt hatte?

Zitternd zog ich mich zurück. Den Garten fest im Blick, die Taschenlampe von einer Seite zur anderen schwenkend. In dieser Nacht schloss ich die Haustür ab. War ich jetzt sicher? Was, wenn der Meermann ins Haus geschlichen war, als ich die kaputte Kiste entdeckt hatte? Auf dem Festland hätte ich vielleicht die Polizei gerufen. Ich überlegte, ob ich zu Freddie rüberlaufen sollte, doch die Vorstellung, das Haus zu verlassen, war nicht attraktiv. Entgegen allen Warnungen, die mir mein Verstand zuflüsterte, suchte ich das gesamte Haus ab, öffnete Tür um Tür, schaute in jeden Winkel, schloss Räume ab und schaute nach Ella, die tief und fest schlief. Schließlich war ich mir sicher, dass wir allein waren, und legte mich ins Bett. Manchmal war die Warft nicht so sicher, wie man glaubte. Sie trotzte den schlimmsten Naturgewalten, doch gegen böse Menschen war auch sie machtlos.

Am nächsten Tag erhielt ich eine E-Mail:

Liebe Manuela,

bei meinem Anruf gestern wurden wir unterbrochen, irgendwas war in der Leitung, ich habe aus einer Kneipe angerufen, mein Handy hat den Geist aufgegeben. Wollte Dir nur sagen, dass ich diese Woche einen Transporter habe und am Donnerstag auf die

Hallig komme und Dir den Schrank bringe, auf den Du schon so lang wartest. Ich freue mich schon, Dich und Ella zu sehen.

Herzlichst

Harald

Ich lachte laut auf und warf erleichtert den Kopf in den Nacken. Dann schlug ich mir mit der flachen Hand an die Stirn. Der Schrank! Harald – natürlich! Ein Freund aus Oldenburg. Bei meiner Abschiedsfeier in Westerstede hatte er mir von einem alten Schrank erzählt, der in seinem Keller ein trostloses Leben fristete. Er war ein Erbstück und passte überhaupt nicht in Haralds Wohnung. Er hatte beschlossen, mir den Schrank als Abschiedsgeschenk zu vermachen und ihn bei passender Gelegenheit zu mir zu bringen. So hätte er auch gleich einen triftigen Grund, mich auf der Hallig zu besuchen. Durch die Störungen in der Leitung hatte ich ihn am Telefon nicht erkannt und seinen Anruf völlig missverstanden.

Ich war erleichtert. Kein Fremder, der mir nachspionierte, keine Bedrohung von außerhalb. Kein Meermann, der mir nach dem Leben trachtete.

Der alte Schrank erinnerte mich stets daran: Es ist unsere Fantasie, die uns Angst macht. Was es mit der geborstenen Kiste unter meinem Wohnzimmerfenster auf sich hatte, weiß ich bis heute nicht. Ich habe sie seitdem ignoriert.

Biike – Petrus brennt

»Frau Warda, wir müssen noch den Petrus bauen«, erklärten mir die Schulkinder. Auf meinen fragenden Blick hin riefen sie: »Bald ist doch Biike!«

»Okay, und was ist das?«, fragte ich vorsichtig nach.

Die Kinder waren erschüttert. Eins der wichtigsten Feste auf der Hallig, und ich hatte keine Ahnung.

»Da machen wir ein riesiges Feuer«, ereiferte sich die kleine Mara.

»Die Feuerwehr macht das Feuer, Mara«, berichtigte sie Broder und war stolz, weil sein Papa meistens die ersten Flammen entfachte.

»Bei uns gibt's dann immer Grünkohl mit Pinkel, Kochwurst und süßen Kartoffeln, das ist sooo lecker«, schwärmte Jelko.

»Wird da auch getanzt und gesungen?«, erkundigte ich mich.

Aukje und Ineke kicherten.

»Manchmal wird gesungen«, klärte Gesche mich auf, »tanzen hab ich noch keinen gesehen, höchstens aus der Reihe.« Sie grinste.

Das Biikebrennen war ein alter norddeutscher Brauch, mit dem entlang der Küste, auf den Inseln und Halligen am Vorabend des St.-Petri-Tages, dem 21. Februar, traditionell das Ende des Winters feierlich eingeläutet wurde. Dazu wurden riesige Haufen aus altem Gestrüpp, Weihnachtsbäumen, Gestecken und gestutzten Büschen aufgeschichtet und bei Dunkelheit angezündet.

Also machten wir uns am übernächsten Tag auf den Weg und gingen gemeinsam zur benachbarten Warft, wo wir Stroh für unseren Petrus bekommen sollten. Bahne hielt einen blauen Arbeitsoverall in den Händen.

»Wo hast du den Blaumann denn her?«, fragte Jelko.

»Ach, der is von meinem Vadder. Brauchen wir nich mehr, den können wir ausstopfen.«

Ich trug Petrus' Kopf unterm Arm – ein kaputter Ball, dem ich mit Edding ein Gesicht verpasst hatte.

Im großen Scheunentor empfing uns Gunda. Sie und ihr Mann Manfred besaßen einen kleinen landwirtschaftlichen Hof auf der Hallig. Sie ließ uns in den Stall. Hier war es deutlich wärmer als draußen. Es roch nach Stroh und Tieren. Schafe blökten und kauten stoisch vor sich hin, während sie uns neugierig beobachteten. Sofort waren einige der Kinder bei den Ponys, um sie eingehend zu streicheln.

Gunda zeigte auf einen duftenden Haufen Stroh und erklärte uns, dass wir uns bedienen durften. Routiniert griffen die älteren Schüler sich das Strohband und begannen, Ärmel und Hosenbeine des Overalls zuzuschnüren. Viele kleine und große Hände griffen sich die Halme in Bündeln und stopften sie in das Kleidungsstück.

»De Kopp köön'n jem awer nich nehm'n«, stellte Gunda fest und zeigte kopfschüttelnd auf meinen Ball. »Dat köön'n jem nich in't Füür doon!«

Sie meinte damit nicht, dass der Ball zu schade sein könnte, sondern dass er alles andere als ökologisch war. Ich sah ein, dass giftige Gase und geschmolzenes Plastik nicht sehr umweltverträglich waren, und zog den Kopf ein, also den Ball.

Stattdessen wurde kurzerhand eine Baumwolltragetasche mit Stroh gefüllt, abgebunden und in Form gedrückt. Das Gesicht durften dann alle Kinder draufmalen – jedes Kind einen Teil davon. Schließlich starrte mich eine verzerrte Fratze an, die mit Blick auf ihren Gesichtsausdruck sicherlich schon eine böse Vorahnung ihres Schicksals hatte. Notiz für meine Unterrichtsplanung: In die nächste Kunsteinheit würden wir mit Pablo Picassos weinender Frau einsteigen.

Die lebensgroße Figur wurde an einen Pfahl genagelt. Eine Gänsehaut überzog meinen Nacken. Ich sah lodernde Flammen vor mir und inmitten der verschlingenden Hitze eine menschliche Figur. Mittelalterliche Schreckensgeschichten suchten mich heim, Frauen, die als Hexen denunziert wurden und auf qualvolle Weise im Feuer den Tod fanden.

»Gut sieht das Petermännchen dieses Jahr aus«, bestätigte Manfred, der gerade auf den Hof gekommen war und einen Blick in die Scheune geworfen hatte. Die Kinder freuten sich und bejubelten ihr Gemeinschaftswerk.

Wir gingen wieder raus und stemmten uns gegen den Wind, um zur Schule zurückzukehren. Ich war verwirrt. Verbrannten wir nun Petrus den Wettergott oder Petrus den Schutzpatron der Fischer oder Peter, wer auch immer damit gemeint war und überhaupt – warum verbrannten wir da jemanden auf dem Riesenfeuer?

Emma lachte, als ich sie am Abend fragte.

»Ja, gute Frage«, meinte sie schließlich. »Es ist ein ganz alter Brauch. Die Feuer brennen hier überall auf den Halligen und Inseln schon seit Ewigkeiten zum 21. Februar. Wir vertreiben den Winter. Biike heißt Leuchtfeuer, weißt du?«

»Hm, und wer wird da verbrannt?«

»Natürlich keiner. Die Figur ist symbolisch. Wohl zu Ehren vom Schutzpatron der Fischer – Petrus. Manche meinen auch, dass es mit dem Papstamt zu tun hat oder so. Deshalb Petermännchen. Das weiß ich aber nicht.«

Emma zündete eine Kerze an, die wir selbst im Schulkeller vor ein paar Wochen gegossen hatten. Dann fuhr sie fort: »Zu Zeiten der Walfänger sollten die Feuer den Männern, die nach dem Winter endlich wieder rausfuhren, Geleit geben. Die Frauen blieben zurück und entzündeten die Feuer, damit ihre Männer wieder heimfanden.«

Die Vorstellung gefiel mir. Ich schaute in den Sturm hinaus, der an den Holunderbaumzweigen riss. Überall an den Küsten wurden Leuchtfeuer entfacht. Die Funken tanzten im Wind. Dunkle Umrisse von Leibern in Kleidern säumten die Ufer und winkten ihren Gatten hinterher in der Hoffnung auf einen reichen Fang, das Ende eines entbehrungsreichen Winters und vor allem, dass ihre Männer heil wieder heimkehrten. Es war zwar nirgendwo belegt, aber insgeheim glaubte ich doch, dass die brennende Figur vor langer, langer Zeit eine echte Opfergabe darstellte, um die Götter Odin und Thor gnädig zu stimmen.

Am Abend des 21. Februar standen wir schließlich am riesigen Biikefeuer, das gemeinschaftlich an der Badestelle am Landsende aufgetürmt worden war. Mittendrin am Pfahl der bedauernswerte Petrus in seinem Blaumann. Nun dachte ich doch wieder an eine Hexenverbrennung. Aber Tradition war Tradition.

Es waren viele Halligbewohner und auch einige Wintertouristen gekommen. Die Feuerwehrmänner sorgten dafür, dass das Feuer trotz des Sturmes, der wieder über unsere Hallig tobte, kontrolliert und beeindruckend loderte.

»Komm, wir singen«, hieß es plötzlich, und ich hatte einen kleinen Liederzettel in der Hand. Mehrere Stimmen erhoben sich. Der zuckende Lichtschein der Flammen tanzte über die Buchstaben, der Wind zerzauste die Haare. Und meine Stimme erklang an diesem Biikeabend mitten in der Nordsee. »Die Gedanken sind frei, wer kann sie erraten, sie fliehen vorbei wie nächtliche Schatten ...«

Zum Aufwärmen von Körper und Geist trank man Teepunsch aus blau gemusterten Friesenbechern, es war Tee mit einer besonderen Zutat. Ich war gespannt und nippte vorsichtig. Es schmeckte irgendwie wie Insektenschutzmittel. Auch beim zweiten Schluck wurde es nicht besser, und mir war klar, dass ich dieses halligtypische Getränk nicht zu schätzen lernen würde. Im Schutz der Dunkelheit goss ich den Rest weg und stellte die Tasse zurück.

»Mach's noch ein?«

»Nee, danke.«

Später ging Honke von der Nachbarwarft mit einem Tablett herum und schenkte ein paar Kurze aus.

»Hier, nimm man een Köm«, bot er mir das Schnapsglas an und strahlte. »Auch ein Klassiker«, dachte ich. Doch sobald ich den Schluck im Mund hatte, wusste ich um die geheime Zutat im Teepunsch – kein Insektenschutzmittel, sondern Köm.

»Wieso Zutat?«, lachte Emma, als wir später am Feuer standen. »Teepunsch ist Köm, der Tee ist da die geheime Zutat.«

Ich sah sie verständnislos an.

»Du hast noch nie Teepunsch gemacht, oder?«, fragte sie.

Ich schüttelte den Kopf und grinste.

»Also, du machst den Köm schön warm, dann nimmst du einen Teebeutel und ziehst ihn einmal ganz kurz da durch. Kurz! Der Teebeutel darf den Köm nur eben küssen. Dann ist er perfekt.« Sie lachte und demonstrierte, wie der Teebeutel nur einen Hauch einer Berührung hatte.

Honke kam wieder mit seinem Tablett vorbei, aber ich lehnte dankend ab.

»Mach's keen Köm? Dann nimm doch 'nen Met.«

»Ich bin aber mit dem Auto hier. War so'n Schietwetter.«

»Ach, wenn ich nich mehr laufen kann, nehm ich auch lieber das Auto«, antwortete Honke lachend und drückte mir das Glas in die Hand. Ehrlich gesagt war ich mir nicht ganz sicher, ob das nun ein Scherz war oder nicht. Auf jeden Fall schmeckte mir der Met deutlich besser.

Plötzlich griffen zwei Hände von hinten in mein Gesicht und wischten einmal quer über meine Wangen, die vom Feuer glühten. Ich drehte mich um und stand ein paar Kindern gegenüber, die sich köstlich amüsierten. Jelko spuckte kräftig in seine Hände, griff in die Kohle, vermischte die schwarze Asche mit seiner Spucke und rieb sich die Hände. Schon stürmte er mit ausgestreckten Armen auf sein nächstes Opfer zu.

»Wer am Biike ist, wird schwarz gemacht!«, riefen die Kinder lachend und rannten weiter. Jetzt glühten meine Wangen noch mehr mit Ruß und Jelko-Spucke auf meiner Haut. Ich lachte und schüttelte den Kopf. Petrus schüttelte auch den Kopf, bevor er ihn im Feuer verlor.

Plötzlich stand Freddie neben mir und flüsterte: »Pssst, kannst du die Glocke von Rungholt hören?«

Sein Blick, den er aufs schwarze Meer richtete, war glasig. Seine Bewegungen waren langsam, fast schon gespenstisch.

»Rungholt?«, fragte ich.

Der alte Mann drehte sich zu mir, und sein stechender Blick traf mich. Die Flammen des großen Biikefeuers loderten darin.

»Rungholt ist versunken, mein Mädchen. Vor vielen Hundert Jahren. Mit Mann und Maus ging sie unter, die Siedlung. Reich wie Rom, das Atlantis der Nordsee. Während der großen Mandränke im 14. Jahrhundert. Die Uthlande sahen damals noch ganz anders aus als heute.« Er nahm einen Schluck aus seiner Bierflasche.

»Uthlande?«

»Uthlande, na, die ganzen vorgelagerten Festlanden vor dem Festland. Halligen, Inseln, alles hier.«

Er zeigte mit seinem Arm rüber nach Pellworm.

»Dahinter irgendwo soll's gelegen haben. Nix mehr da. Das Wasser gibt, das Wasser nimmt.«

Freddie nickte langsam, schloss die Augen und schien seinen Gedanken nachzuhängen, die ihn in weite Ferne trugen.

Was hatte das Wasser ihm schon genommen? Er war früher zur See gefahren, wie sein Vater und Großvater auch. Irgendwann lohnte es sich nicht mehr, und er baute sein Haus zu einigen Ferienwohnungen um.

Plötzlich öffnete er die Augen und begann, mit donnernder Stimme ein Gedicht von Detlev von Liliencron zu zitieren:

Heut bin ich über Rungholt gefahren,
Die Stadt ging unter vor sechshundert Jahren.
Noch schlagen die Wellen da wild und empört,
Wie damals, als sie die Marschen zerstört.
Die Maschine des Dampfers schütterte, stöhnte,
Aus den Wassern rief es unheimlich und höhnte:

Trutz, Blanke Hans.

Von der Nordsee, der Mordsee, vom Festland geschieden,
Liegen die friesischen Inseln im Frieden.
Und Zeugen weltenvernichtender Wut,
Taucht Hallig auf Hallig aus fliehender Flut.
Die Möwe zankt schon auf wachsenden Watten,
Der Seehund sonnt sich auf sandigen Platten.
Trutz, Blanke Hans.

Ein einziger Schrei – die Stadt ist versunken,
Und Hunderttausende sind ertrunken.
Wo gestern noch Lärm und lustiger Tisch,
Schwamm andern Tags der stumme Fisch.
Heut bin ich über Rungholt gefahren,
Die Stadt ging unter vor sechshundert Jahren.
Trutz, Blanke Hans?

Freddie trank den Rest aus seiner Flasche, drehte sie auf den Kopf und meinte: »Oh, da lass ich mal die Luft raus.« Er wankte ein wenig und trutzte dem Leben.

Prost! Auf dass der Winter vorbei war, die Götter uns gnädig gestimmt waren für einen ertragreichen Sommer und uns der Blanke Hans nicht heimsuchte.

So sehen Sieger aus

Der Winter war noch lange nicht vorbei. Es hatte so viele Landunter gegeben wie lange nicht mehr. Überall auf den Fennen stand das Wasser. In allen Pfützen und Prielen schwamm der Himmel. Ich war von so viel Blau und Grau umgeben, dass es sich auch in meiner Stimmung breitmachte. Daher hielt sich meine Begeisterung in Grenzen, als die Kinder mich für ein Fußballspiel gewinnen wollten.

»Wo wollt ihr denn spielen? Auf unserem Fußballplatz schwimmen Enten, da kann man doch nicht spielen«, nörgelte ich.

Kopfschüttelnd schlüpfte ich am Nachmittag in meine Gummistiefel und meine wetterfeste Halligjacke. Diese sturen Knirpse hatten den ganzen Vormittag nicht von ihrem Plan abgelassen. Man könne ja Freddie fragen, ob wir auf seiner Fenne spielen dürften. Als ob die trockener wäre als unser Sportplatz. Aber ich hatte versprochen, wenigstens zum Gucken zu kommen, alles Weitere würde man sehen. Ella schlenderte neben mir die Warft runter und schaute der Sonne entgegen, die bereits ein wenig Kraft entwickelte und unsere Wangen wärmte.

Enno rannte bereits den Weg neben unserem Fußballplatz hoch und runter, um sich aufzuwärmen. Der Weg war unsere Laufbahn. Er bestand aus großen Gehwegplatten, die vor langer Zeit vermessen und beschriftet wurden. Zehn Meter, zwanzig Meter, bis hundert Meter maß er. Das Wasser hatte einigen Steinen zugesetzt, und ein wenig windschief schlängelte sich die Bahn ihren Weg. Man musste einen sicheren Lauf haben, wenn man hier sportlich bestehen wollte.

Auch der kleine Tamme tapste mit seinen Stiefeln auf dem Sportplatz herum und sprang in die Pfützen. Sein Opa Freddie hielt ihn an der Hand. Er trug Turnschuhe und sah wild entschlossen aus, ebenfalls aufs Spielfeld zu ziehen. Liv und Leni jubelten ihm begeistert zu.

»Hier geht's!«, rief Gesche uns von der Fenne aus zu und gestikulierte wild mit den Armen. Die Kinder samt Opa sprangen über den Graben und nahmen ihre Positionen ein. Ehe ich mich's versah, befand ich mich im Mittelfeld der Mannschaft.

Jelko hantierte noch mit seinem Handy herum. In der anderen Hand hielt er einen Lautsprecher, aus dem plötzlich *So sehen Sieger aus* dröhnte. Anstoß und los!

Ein erster Pass, Freddie gibt ab an Tamme, Broder hält Tamme den Weg frei, er steht vor dem Tor, Leni ist Keeper, bringt sich in Position, Tamme holt aus, und mit Schuhgröße 29 kickt er den Ball ins – Toooor!

Abschlag, weiter geht's. Ella schießt zu Jelko, Jelko passt zu Gesche, Gesche rutscht, Wasser und Schlamm spritzen, Freddie nutzt die Gelegenheit, nimmt den Ball ab, stolpert und – platsch – liegt er bäuchlings im Schlick.

»Opa!«, schrie Tamme. »Jetzt siehst du aus wie Mama mit Gesichtsmaske!«

Opa Freddie rappelte sich auf, wischte sich die Augen aus und jagte weiter dem Ball hinterher.

Der Ball kam zu mir, immer schön dicht am Gummistiefel halten und Richtung Tor. Aus dem Augenwinkel ein Schatten, Angriff durch Jelko, Gas geben, Schlickloch übersehen, ein Schuss mit letzter Kraft, und dann rutschte ich auf meinem Allerwertesten quer über die Fenne.

Tooor!

Wir spielten, bis die zarte Februarsonne im Westen den Horizont küsste. Unsere Wangen glühten wie der Himmel. Der Herzschlag pulsierte, und wir rangen nach Luft vom Rennen und Lachen. Enno stand nur noch in Unterhose und Gummistiefeln da, nachdem er gänzlich in den Graben gerutscht war. Ein leichtes Frösteln überzog ihn, doch mit leuchtenden Augen und roten Wangen rannte er weiter dem Ball hinterher. Die blasse Februarsonne gab ihr Bestes, um uns ein wenig zu wärmen. Freddies Gesichtsmaske war mittlerweile getrocknet und begann zu bröckeln. Wir beschlossen, das auf jeden Fall zu wiederholen, als wir uns abklatschten und langsam auf den Heimweg machten. Schmutzig, verschwitzt und glücklich. Aus dem Lautsprecher begleiteten uns die Toten Hosen: *Tage wie diese*.

Als ich zu Hause unter der heißen Dusche stand und mir die letzten Matschklumpen aus dem Haar spülte, summte ich das Lied immer noch vor mich hin.

Am nächsten Morgen fragte ich in der Schule: »Und, wer hat gestern zu Hause Schimpfe bekommen?«

Verständnislos guckten die Kinder mich an.

»Na, wir sahen aus wie nach einem Heavy-Metal-Konzert in Wacken nach einem Platzregen«, erläuterte ich.

Die Kinder lachten. Das Wacken-Feeling war hier offensichtlich nichts Ungewöhnliches und schon gar nichts, worüber sich Halligeltern aufregten.

Später fragten die Schüler mich, ob wir nicht mal Weitsprung im Sportunterricht üben könnten für die Bundesjugendspiele. Die Laufbahn für den Sprint kannte ich, Langlauf ließe sich um den Fußballplatz einrichten, und werfen konnte man schließlich überall, aber wo um alles in der Welt sollten wir Weitsprung üben?

»Wir haben doch die Sprunggrube«, äußerte sich Gesche und wies mit einer Kopfbewegung Richtung Sportplatz. Ich vertröstete sie zunächst auf besseres Wetter und machte mich am Nachmittag auf Spurensuche.

Als ich den Fußballplatz betrat, scheuchte ich eine Schar Ringelgänse auf, die sich dort niedergelassen hatte. Wie eine tosende Wolke erhoben sie sich, um sich auf der benachbarten Fenne wieder niederzulassen.

Hier steckten die Markierungen für die Fußballtore, die in der Saison wieder aufgestellt werden würden. Aber wo war die Sprunggrube? Im hinteren Bereich des Platzes stolperte ich in ein Wasserloch. Ungewöhnlich waren die Sträucher und Gräser, die daraus emporragten und nicht zum Rest der Fläche passten. Ich hatte sie entdeckt. Unsere Sprunggrube. Ein fast archäologischer Fund. Auch ein geweißeltes Absprungbrett war noch zu erahnen.

Sobald der Frühling erwachte, wollte ich diese Anlage wieder aktivieren, und ich wusste auch schon, wen ich um Hilfe fragen konnte. Zusammen mit der Gemeinde und meinen Schülerinnen und Schülern würden wir dafür sorgen, dass hier im Sommer wieder Sport gemacht werden konnte. Und ich dachte darüber nach, wie die Kinder wohl auf klassischen Sportanlangen abschneiden würden, nachdem sie unter so besonderen Bedingungen trainiert hatten.

Ich schaute in den Himmel, wo die Sonne hinter den Wolken Verstecken spielte und nur ab und zu hervorlugte. Sie hatte Kraft. So wie wir. Bald würde es Frühling sein und die Hallig wieder zum Leben erwachen.

Der Halligwinter fordert seinen Tribut

Mit jedem Tag wurde es wärmer. Des Nachts hatte der Frost die Welt noch fest im Griff und verwandelte die Morgenstunden in geheimnisvolle Schauplätze. Wie weiche Zuckerwattemassen waberten die Wolken am Himmel und leuchteten in den verschiedensten Rot- und Orangetönen. Natürlich konnte man überall einen wunderschönen Himmel beim Sonnenaufgang betrachten, doch hier auf der Hallig hatten wir so viel davon. Eine Fülle von Himmel. Wenn dann die Sonne höher stieg und an Kraft gewann, löste sich der Frühnebel langsam auf. Wie Wolkenschlösser sahen die Warften dann aus. Schließlich schmolz auch der letzte Nachtfrost dahin und hinterließ eine frische Feuchtigkeit auf Straßen und Wiesen.

Ich saß in der Pause auf der Warftkante und schaute den Kindern beim Schaukeln zu. Neben mir saß Enno. Die Sonne, die auf seine Stupsnase schien, schien so gar nicht zu seinem Gesichtsausdruck zu passen.

»Na, Enno, was ist los? Du schaust wie sieben Tage Regenwetter.«

»Hat schon ewig nicht geregnet«, murmelte er verdrießlich.

»Nein, das sagt man doch nur so, wenn jemand so missmutig guckt wie du«, erklärte ich.

»Weiß ich doch«, nuschelte er noch leiser.

»Na, wo drückt denn der Schuh? Was macht dir zu schaffen?«, fragte ich und stupste ihn leicht an.

Er seufzte tief. Dann zuckte er mit den Schultern und kaute auf seiner Unterlippe herum. Er rang mit sich und sprang plötzlich auf. Er baute sich vor mir auf, stampfte mit dem Fuß auf und rief: »Ich will hier nicht wieder wegziehen!«

»Ich will auch nicht, dass du wegziehst«, platzte ich heraus und sah zu ihm hinauf, »wer sagt denn so was?«

Wieder zuckte er mit den Schultern und sah zu den anderen auf dem Spielplatz runter. Unschlüssig blieb er stehen. Ich wartete ab.

Schließlich setzte er sich wieder neben mich auf die Erde und zupfte wütend Grashalme aus den Fugen.

»Mama und Papa streiten so viel. ›Hier gibt's nix‹, sagt Mama. ›Wir werden hier alle blöd.‹« Enno sah mich direkt an und fragte: »Stimmt das, Frau Warda?«

Ich schüttelte den Kopf. »Nein, Enno, wir werden hier nicht blöd. Wer hat denn gerade Rechnen und Lesen gelernt? Du bist das, und da darf man nicht blöd sein, dann wird das nix.« Ich wuschelte durch sein wirres Haar, das seit letztem Sommer nicht mehr geschnitten worden war.

»Soll ich mal mit deinen Eltern reden und fragen, was los ist?«, fragte ich.

Er sprang wieder auf, aber dieses Mal stampfte er nicht.

»Ja!«, rief er und lief leichtfüßig die Warft runter, um mit den anderen zu spielen.

Ich sah raus aufs Watt. Wurde man hier blöd? Die Hallig war Ruhe. Man konnte entschleunigen, sich besinnen, ruhen. Doch wenn der Geist viel ruhte, na, dann ruhte er aber auch. Immer häufiger spürte ich, wie ich auf meinen langen Spaziergängen keine Gedankentürme baute, keine Probleme durchdachte, um Lösungen zu finden. Nein, oft dachte ich einfach – gar nichts.

Immer häufiger griff ich zur leichten Abendlektüre. Ein kleiner Liebesroman hier, ein amüsantes Frauenbuch dort und von Zeit zu Zeit ein packender Krimi. Hermann Hesses Werke verstaubten im Regal, die *Philosophische Hintertreppe* führte plötzlich ins Nichts.

Nicht dass mich dieser Zustand besorgte. Im Gegenteil, ich genoss diese Ruhe sehr. Kein Lärm, kein Straßenverkehr, keine Ampeln, keine Fußgänger, die plötzlich die Straße überquerten, wenn ich mit dem Auto unterwegs war. Genau das fand ich toll. Aber jetzt beschlich mich das Gefühl, dass es schwer werden könnte, sich auf dem Festland wieder zurechtzufinden.

Nicht nur der Leib brauchte Nahrung, auch die Seele. Kulturelle Veranstaltungen, Diskussionen, poetische Gespräche. Das fand ich auf der Hallig nicht. Was, wenn die Seele verhungerte? Vielleicht war es das, was Frau Bruns umtrieb? Ich beschloss, am Nachmittag zur Hanswarft zu laufen und sie zu besuchen.

Als die Kinder wieder in den Klassenraum kamen, war Enno wieder bestens gelaunt. Doch nun sah ich anders hin. Nommen sah gelangweilt aus. Er hatte im Lauf des Schuljahres zugenommen. Ich bemerkte nun die dunklen Schatten unter seinen Augen. Aukje strahlte wie immer und wippte mit den Füßen. Sie hatte jetzt Kunst, und das liebte sie besonders. Die Familie war kurz vor mir auf die Hallig gezogen, es war auch ihr erster Winter. Hatten sie auch Heimweh? Woher kamen sie genau, was hatten sie hinter sich gelassen? Wohin würden sie gehen?

Enno hatte mich wohl schon angekündigt, denn als ich am Nachmittag auf die Hanswarft kam, stand Katrin Bruns vor der Haustür, klopfte eine Fußmatte aus und begrüßte mich: »Hallo, komm rein, ich hab den Tee schon aufgesetzt.« Die zarte blonde Frau, in deren Stimme ich einen berlinerischen Einschlag zu vernehmen glaubte, führte mich durch den Flur in die kleine bunte Küche. Sie hatten sich sehr schön eingerichtet. Auf der Fensterbank lagen Muschelschalen und Treibholz. Neben vielen Fotos der Kinder fielen mir einige Schnappschüsse der Eltern auf, die sie an augenscheinlich recht exotischen Orten zeigten. Offensichtlich waren sie schon viel gereist und hatten einiges von der Welt gesehen. Auf dem Tisch lag ein bunter Flickenteppich, den Aukje bei mir im Textilunterricht aus Stoffresten gewebt hatte. Sie war so stolz auf ihr Werk, das hier seinen Ehrenplatz gefunden hatte.

»Becher oder Tasse?«, fragte Katrin und hielt beides hoch.

»Lieber Becher«, antwortete ich.

Sie goss den Tee ein und setzte sich. Stille machte sich in der Küche breit. Der Tee war noch zu heiß, um ihn zu trinken, und wir hielten unsere Becher vorsichtig umklammert.

»Sind die Kinder unterwegs?«, fragte ich und löste die Stille auf.

»Aukje und Enno sind draußen. Spielen mit den anderen.«

»Und Nommen?«

Sie sah mich an, dann senkte sie den Blick und sagte leise: »Der sitzt in seinem Zimmer.«

Und plötzlich brach es aus ihr heraus: »Der sitzt immer in seinem Zimmer, kommt nicht mal mehr zum Essen raus. Sitzt den ganzen Tag nur vorm Computer. Zocken will er, sonst nichts. Früher war er so aktiv. War im Fußballverein und beim

Leichtathletiktraining. Hier macht er gar nichts mehr. Hier gibt's ja auch nichts!« Ihre Stimme wurde zunehmend schriller und schneller.

»Hier kann man nichts machen. Der wird mir noch krank, wenn das so weitergeht. Und ich hab früher auch so viele tolle Sachen gemacht. Ich hab gemalt und Gitarre gespielt. Hab mich nie gelangweilt, wusste mich immer zu beschäftigen. Aber jetzt fehlt mir manchmal sogar die Kraft, überhaupt aufzustehen. Ich hab zu nichts mehr Lust. Ich kann nicht mehr!«

Sie schlug die Hände vors Gesicht und schluchzte. Ich stellte meinen Becher ab und legte ihr die Hände auf die zuckenden Schultern.

»Ich kenn das«, begann ich vorsichtig, »manchmal fällt einem hier der Himmel auf den Kopf, obwohl er so weit ist.«

Katrin kramte in ihrer Hosentasche nach einem Taschentuch und schniefte hinein.

»Ich hatte von Anfang an so ein Gefühl, dass das nicht das Richtige ist. Für Nommen und mich jedenfalls ... Aber mein Mann meint, wir bräuchten nur ein bisschen Zeit und würden uns schon daran gewöhnen. Aber hier is ja nix!«

Wie auf Bestellung ging die Tür auf, und Heiner Bruns trat ein. Im Gegensatz zu seiner Frau war er ein waschechtes Nordlicht, jemand, der sich an Wasser, Watt und Wellen nicht sattsehen konnte.

»Ach, moin, Manuela, wie geht's?« Er stutzte, sie stockte, wischte sich schnell die Tränen ab, nahm einen großen Schluck Tee, versank mit ihrem Gesicht im Becher.

»Ist was passiert?«, fragte er. »Mit den Kindern?«

Sie schüttelte den Kopf.

»Mit den Kindern ist alles okay. Es ist nur ...«

»Halligdepression, wa?«, witzelte er. »Das gibt sich. Bald wird's wieder heller.«

Er nahm sich einen Keks vom Teller zwischen uns und verschwand mit einem kurzen Gruß.

»Das mein ich«, seufzte Katrin. »Dass es einem hier nicht gefällt, die Möglichkeit gibt es für ihn gar nicht. Für ihn ist es aber auch leichter. Als Kameramann fürs Fernsehen ist er ja zwischendurch manchmal wochenlang unterwegs. Und wir sitzen hier. Verstehst du?«

Oh, ich verstand. Die endlose Weite hier auf der Hallig konnte auch ganz schön eng werden. Dann wurde der kleine Haufen Schlick zum Gefängnis. Wir sahen uns an, zwei Neuhoogerinnen in einer Küche mitten im Meer, und ich verstand ihr Leid. Blieben sie hier, ginge sie vor die Hunde, und Nommen, sofern sein Verhalten nicht auf die einsetzende Pubertät zurückzuführen war, gleich mit ihr. Würde sie gehen, würde die Familie vielleicht zerbrechen. Oder sie gingen gemeinsam, und Heiner würde ihr zeitlebens vorwerfen, dass sie dieses in seinen Augen paradiesische Leben weggeworfen hatten.

Ich konnte ihr die Entscheidung nicht abnehmen, doch ich besuchte sie von diesem Tag an häufiger.

Bis zum Sommer hielten sie noch durch. Dann verließ Familie Bruns die Hallig, um auf dem Festland neu anzufangen. Alle zusammen. Sie zogen nach Husum, und wir standen am Anleger und winkten der Fähre hinterher. Hallig konnte nicht jeder.

Mit ihrem Wegzug löste sich die Wilde 13 auf. Nun waren wir zwei Hände voll, eine gerade Zahl, Symbol für Ordnung, die Halligkinder würden im Zehnerpack ins nächste Schuljahr gehen.

Frühlingserwachen

Wie riesige Segelschiffe glitten die Wolken über den strahlend blauen Himmel. Das unermüdliche Trillern der Feldlerchen begleitete mich auf meinem Spaziergang über den Sommerdeich. Ein leises Knistern und Schmatzen erfüllte verheißungsvoll das Watt, während die ersten warmen Sonnenstrahlen des Jahres mein Gesicht streichelten. Selbst der Wind schien sich zu freuen. Er hüpfte in sanften Böen warm über Gräser und Haar. In meinen Gummistiefeln stieg ich die Böschung hinab und betrat den Meeresboden, der sich nun freigelegt vor mir erstreckte. Es knackte, wenn ich auf die Muschelschalen trat. Hier war der Boden fest. Sandwatt, auf dem die Wellen reliefartig fortbestanden, bis das Wasser wiederkam. Ein Stück weiter in der Nähe der Lahnungen wurde der Boden matschiger, und ich versank bis zu den Knöcheln.

»Meine Gummistiefel geb ich nicht her«, dachte ich und erinnerte mich an Ellas pinkfarbenen Stiefel, der hier vor ein paar Tagen stecken geblieben war.

»Na toll«, hatte Ella gemeint und auf Socken im Schlick gestanden. Wir würden uns auf jeden Fall Wattsocken bei Geertje kaufen. Die blieben auch nicht stecken.

Ich stieg wieder auf den Deich hinauf. Weit lagen die Wiesen vor mir, und ich konnte gar nicht anders, als tief einzuatmen. In diesem Winter hatte es ungewöhnlich viele Landunter gegeben, und wie eine Karamellglasur lag der Meeresschlamm auf den Fennen und Wegen. Ausgehärtet und beständig. Sonnenstrahlen und fehlender Regen hatten das Land an vielen Stellen in eine rissige Wüste verwandelt. Kaum ein Grashalm konnte sich durchkämpfen. Sehr zur Empörung der ersten Pensionskühe, die wieder auf der Hallig waren und die neue Saison ankündigten. Sie brüllten hungrig und mussten sich mit den Heuballen zufriedengeben, die die Landwirte auf die Fennen gelegt hatten. Bald würden die ersten Kälbchen um ihre Mütter springen. Lächelnd ging ich Richtung Landsende und atmete die frische, klare Meeresluft in tiefen Zügen ein.

Seit Jahresbeginn schon gab es immer wieder Meldungen über ein merkwürdiges, hochansteckendes Erkältungsvirus mit Ursprung im asiatischen Raum. Ich war froh, hier auf der Hallig frei und unbeschwert atmen zu können, weit weg von voll besetzten U-Bahnen, maskentragenden Menschenmengen in Kaufhäusern und komplett abgeriegelten Millionenstädten.

Das schöne Frühlingswetter hielt auch in den nächsten Tagen an, und langsam, aber sicher erwachten bei Mensch und Tier die Frühlingsgefühle.

Die Stimmung in der Klasse war ausgelassen. Die älteren Kinder hatten heute Unterricht mit dem Kollegen vom Festland, so ging ich nur mit den Grundschulkindern nach draußen.

»Wir suchen jetzt den Frühling«, sagte ich und ermunterte die Kinder, mit wachsamen Augen die Warft nach Frühlingsboten zu erkunden. Ich war überrascht, was wir hier alles fanden. Während die Ausbeute bei der Herbstsuche eher ernüchternd gewesen war, bahnte der Frühling sich überall seinen Weg.

»Guckt mal, hier sind Krokusse«, rief Aukje und lockte uns alle in meinen kleinen Garten. Schneeglöckchen versteckten sich unter den Holunderbüschen, und Narzissen wuchsen bereits, die Knospen noch geschlossen.

»Wow!«, rief ich und verweilte vor den knorrigen alten Holunderstämmen vor dem Klassenzimmer.

»Was ist da?«, brüllte Broder, und schon kamen sie lärmend angerannt.

»Wow«, flüsterte er, »sind die alle tot?«

Neugierig betrachteten wir die zahllosen Marienkäfer, die sich in den Astlöchern und tiefen Rillen der alten Stämme verkrochen hatten.

»Quatsch«, meinte Aukje, »die sind in der Winterstarre. Hatten wir doch. Wenn's warm genug ist, fliegen die bald wieder rum.«

Fasziniert starrte ich auf die dicht gedrängten Käfer. Sachunterricht war wirklich ein tolles Schulfach. Entdeckendes Lernen – auch für mich.

»Können wir jetzt spielen gehen?«, fragte Enno mich. Ein Nicken, und schon stoben die Kinder los, legten sich lang ausgestreckt auf den Rasen und ließen sich wie Baumstämme die Warft herunterrollen. Schneller und schneller drehten sie sich. Überall hatten die Gänse ihre Hinterlassenschaften liegen lassen, aber das störte die Kleinen in keinster Weise, wenn sie darüber weg sausten.

»Ist doch trocken«, lachte Broder, putzte seine Hose mit den Händen ab und rannte die Warft wieder nach oben.

Die Gänse hatten sich längst auf die umliegenden Fennen zurückgezogen. Saßen dort beisammen, watschelten zu zweit durchs Leben, und mit einem Mal legte sich eine leichte Schwermut über mich.

Am Nachmittag schlenderte ich die Straße entlang. Das Wasser des Priels lag friedlich da und strahlte in einem satten Blau. Ein paar zerzauste Wölkchen spiegelten sich darin. Ein

Entenpaar, das sich am Ufer verabredet hatte, glitt nun nahezu synchron durchs Wasser. Später am Deich hörte ich zum ersten Mal diesen frechen und lasziven Laut. Als ginge man in leichtem Sommerkleidchen an einer Baustelle vorbei. Doch hier erklang kein Pfiff, eher ein schlüpfriges »Oh«, ein fast wohliges Grunzen.

Es dauerte einen Moment, bis ich erkannte, dass es die Eiderenten im Balzgesang waren. Irgendwann balzte ich mit. Mh! Oh! Ah! Mit einem breiten Grinsen entschied ich, dass nicht der Austernfischer mein Halligvogel war, auch nicht die Ringelgans oder der Rotschenkel. Mein ganz persönlicher Favorit war die Eiderente.

Auch dieses Exemplar bewegte sich zunehmend paarweise durch den Tag. Was machten eigentlich diejenigen, die übrig blieben? Die keine Auserwählte mehr abkriegten. Sich ins Meer stürzen? Schwul werden? Ein Singledasein fristen? In diesem Frühling fand man auffällig viele verendete Eiderentenmännchen an der Küste. Verschmähte Freier, die ihrem Leben ein Ende gesetzt hatten? Als ich an der Schleuse entlangspazierte, entdeckte ich ein aufklärendes Schild – die Vogelgrippe war wieder ausgebrochen. »Nicht suizidgefährdet, sondern virusgeplagt«, ging es mir durch den Kopf.

Ich war weder das eine noch das andere, dafür ging mir inmitten all dieser Pärchen um mich herum mein Singledasein in diesen Tagen ziemlich auf die Nerven.

Umso mehr freute ich mich auf Bernd, der sich für das Wochenende angekündigt hatte. Aufgeregt stand ich am Freitagnachmittag am Anleger und wartete. Die App auf meinem Handy verriet mir, dass die Hilligenlei gerade erst an Gröde vorbeigefahren war. Es würde also noch eine ganze Weile dauern, bis wir uns wieder gegenüberstehen konnten.

Ich schlenderte zum Steindeich und setzte mich auf die Kante. Der Wind strich mir kühl über die Stirn.

Wie damals in jener lauen Nacht auf einem Sommerkonzert in Oldenburg. Ich war mit Freunden dort gewesen, wir tranken Wein aus Plastikbechern und genossen die Rhythmen der afrikanischen Band, die dem Publikum auf der Open-Air-Bühne vorm Schloss anlässlich des Kultursommers ordentlich einheizte. Plötzlich kam Bernd zielstrebig auf uns zu. Er war ein wenig größer als ich. Er schritt im Klang des Trommelschlags durch die Menge wie ein junger Löwe beim Durchstreifen seines Jagdgebiets. Meine Freunde Mona und Marc kannten ihn offenkundig, man begrüßte sich freundschaftlich. Ich betrachtete sein Profil. Wirklich schön! Er drehte sich zu mir um und betrachtete mich mit seinen bärenfellbraunen Augen.

»Hi, ich bin Bernd. Mona, Marc und ich sind Nachbarn«, meinte er im Plauderton und streckte mir seine Hand entgegen.

»Hi«, erwiderte ich, »ich bin Manuela.«

Wir gaben uns die Hand, hielten uns fest und hatten längst das übliche dreimal Schütteln, die üblichen drei Sekunden überschritten.

»Wollt ihr noch weiter Händchen halten, oder wollen wir noch wohin, was trinken gehen?«, lachte Marc und stupste Bernd an.

Wir liefen zusammen in die Wallstraße und kehrten im Irish Pub ein. Es war brechend voll. Marc ging voraus und zog Mona hinter sich her. Bernd und ich folgten den beiden. In einer Ecke fanden wir noch Platz. Es war eng, sehr eng, und den ganzen Abend über berührten sich unsere Schenkel, verschmolzen miteinander. Erst gegen fünf Uhr früh verließen wir den Pub und sogen die frische Morgenluft ein. Marc und Mona waren lange vor uns gegangen.

Wir schlenderten durch die leere Innenstadt und hielten uns an den Händen. Eine städtische Kehrmaschine kam uns entgegen und beseitigte die Spuren der Nacht.

Als wir bei meinem Auto angekommen waren, war er sich mit der Hand durch die wirren dunklen Haare gefahren und hatte fast schon verlegen gefragt: »Sehen wir uns wieder?«

Das taten wir. Sporadisch. Wenn sein Alltag es zuließ, wenn mein Alltag es zuließ. Einen gemeinsamen Alltag gab es nicht.

Jetzt konnte ich die Fähre sehen. Dieses Wochenende wären wir ein Paar und würden mit den Eiderenten um die Wette balzen können.

Mit sicherem Schritt betrat Bernd den Halligboden, seine Tasche lässig über die Schulter gehängt.

»Hallo, Lady«, sagte er, als er dicht vor mir stand. Er schloss seine Arme um mich, und ich gab mich dem wohligen Gefühl der Geborgenheit hin. Es war viel los am Anleger. Jeder konnte uns sehen, und schnell würden alle wissen, dass Frau Lehrerin Herrenbesuch hatte. Die Leute mussten ja auch mal was zum Schnacken haben. Ich grinste, und wir machten uns auf den Weg zur Ockelützwarft.

Als wir dann am Samstagnachmittag über die Hanswarft schlenderten, umringten uns einige meiner Schulkinder zurückhaltend, aber doch sehr neugierig.

Aukje fasste schließlich Mut und fragte: »Wer ist das?«

Tja, so einfach war die Antwort gar nicht. Wäre ich in Bayern oder Österreich gewesen, so hätte ich breit grinsend »mein Gspusi« gesagt. Aber was passte hier in Norddeutschland?

»Freundschaft plus« klang so mathematisch abgeklärt, so gänzlich ohne breites Grinsen. »Partner« war zu viel, »Bekannter« zu wenig. Also sagte ich einfach: »Das ist Bernd. Ein Freund.«

»Der ist viel zu alt für dich!«, rief Aukje und lief kichernd davon. Ich lachte, mein Gspusi nicht.

Wir spazierten Hand in Hand am Deich entlang. Es war Flut, die Wellen kamen und gingen im gleichmäßigen Rhythmus wie das Atmen eines großen schlafenden Tieres. Hin und wieder wichen wir einem Vogelkadaver aus.

»Ist es nicht wunderschön hier?«, seufzte ich.

»Mhm.«

Überrascht blieb ich stehen und sah ihn an. Er lächelte mich hilflos an.

»Was heißt denn mhm?«, fragte ich ein klein wenig gereizt. Manchmal waren wir wie Yin und Yang, weiblich und männlich, Vertrauen und Zweifel, Idealismus und Realismus. Während ich häufig ohne Zögern und mit Zuversicht durchs Leben schritt, wägte er jeden Schritt ab, prüfte Für und Wider und verpasste dabei oft die Gelegenheit des Handelns. Yin und Yang ergänzten sich, doch wir bewegten uns dabei fortwährend auf einer Wippe, deren Gleichgewicht wir nicht halten konnten.

»Ich mein ja nur«, setzte er an, machte eine Pause und sah sich um, »hier ist doch einfach nichts los. Man kann nichts machen.«

Ich sog scharf die salzige Luft ein und schaute auf das glitzernde Meer. Eiderenten waren keine mehr da.

Bernd nahm meine Hand und versuchte, sich zu erklären: »Ich mein ja nur. Du bist so aktiv, hast so viel Feuer im Hintern. Vermisst du denn gar nichts? Tanzen gehen, Kneipe, Konzerte, Theater?«

Ich sah ihm fest in die Augen, die im Licht der Sonne aussahen wie Bernstein, den ich bislang vergeblich an Hooges Küste suchte.

»Nein«, sagte ich.

Wir sahen uns an. Einen gemeinsamen Alltag hatten wir nicht, und dennoch konnten wir nicht voneinander lassen. Genossen jedes sporadische Treffen mit jeder Faser unseres Körpers, und wenn das Gleichgewicht ins Wanken geriet, hielten wir uns einfach fest im Arm und konzentrierten uns aufs Körperliche.

Fast zeitgleich bekamen wir eine WhatsApp-Nachricht. Wir spürten die Vibrationen der Benachrichtigung in der Tasche des anderen. Verschiedene Absender, doch die gleiche Botschaft: »Das Coronavirus breitet sich aus. Die Halligen werden dichtgemacht.«

Er sah mich mit vor Schreck geweiteten Augen an.

»Ich komm hier nie mehr weg«, flüsterte er.

»Na ja, dann wirst du mich wohl hier in der Halligkirche heiraten müssen«, witzelte ich.

Er starrte mich stumm an. Hastig tippte er auf sein Smartphone.

»Heute fährt gar keine Fähre mehr«, sagte er. Seine Augen waren rastlos wie seine Finger. Schwitzte er etwa?

Ich seufzte und schaute aufs beruhigende Meer. Die Atmung im Gleichklang mit dem Wellenschlag. Hallig war Gelassenheit. Dinge hinnehmen, die ich nicht ändern konnte, ohne Groll, ohne Wehmut und ohne Angst. Ich bekam zwei Wochen lang keine Post, weil der Postbote krank war? Okay, dann wartete ich es halt ab. Ich bekam im Laden kein Brot mehr, weil es ausverkauft war? Na gut, dann backte ich heute mal selbst. Diese Woche fuhr keine Fähre mehr wegen Sturm? Tja, dann machte ich es mir zu Hause gemütlich. Eine Pandemie kam auf uns zu? Na, dann passten wir mal gut auf uns auf.

Früh am nächsten Morgen verabschiedeten wir uns am Anleger. Er hastete auf die Fähre in sein hastiges Festlandleben, und ich winkte. Ganz leise erklang in meinem Kopf eine kitschige Musik … Sie schaut noch einmal aufs Meer. Eine Silbermöwe kreist und fliegt davon. Sie dreht sich um, geht die einsame Straße entlang in gelber Regenjacke und Gummistiefeln. Um sie herum grünes Gras und blauer Himmel. Abspann. Fortsetzung folgt? Unwahrscheinlich.

Eine nie endende Wintersaison

Frühjahr 2020. Die weltumspannenden Auswirkungen des vormals so fern scheinenden Erkältungsvirus machten auch vor unserem Hundert-Seelen-Eiland mitten in der Nordsee nicht halt. Lockdown! Das gesellschaftliche Leben gestoppt, Kontaktbeschränkungen, Sicherheitsmaßnahmen. Noch nie zuvor hatte ich erlebt, dass Schulen flächendeckend geschlossen wurden.

»Seid wachsam, Kinder. Ihr erlebt hier gerade ein Stück Geschichte, und irgendwann werden eure Enkel euch fragen, was es damals auf sich hatte mit den Nudeln und dem Klopapier. Seid aufmerksam, und vor allem – bleibt gesund!«

Ich hatte meine Schülerinnen und Schüler nach Hause entlassen und saß nun allein im Klassenraum mit der Aufgabe, Distanzunterricht zu gestalten. Distanzunterricht an einer Schule mit 13 Schülerinnen und Schülern. So wollte es die schleswig-holsteinische Landesschutzverordnung aufgrund der in unserem Bundesland herrschenden Infektionszahlen. Dass es bislang keinen nachgewiesenen Infektionsfall auf der Hallig gab, spielte dabei keine Rolle.

Einst war es mein hehres Ziel, eine Landuntermappe zu gestalten mit individuell zugeschnittenen Aufgaben für jedes Kind. Nun würde ich sie endlich füllen unter einem anderen Namen. *Homeschooling – wenn du nicht zur Schule kommen kannst, kommt die Schule zu dir.* Auf jedem Platz lagen die Arbeitsmaterialien der Kinder ausgebreitet vor mir. Für Broder legte ich noch ein neues Leseheft bereit und markierte die einzelnen Wörter mit Silbenbögen. Das würde ihm das Lesen erleichtern. Gesche bekam ein Sachbuch zum menschlichen Körper. Daraus würde sie spannende Powerpoints erstellen, dessen konnte ich mir sicher sein. Jelko stand kurz vor seinem Abschluss. Es gab Übungsmaterial auf der schleswig-holsteinischen Website zu den zentralen Abschlussprüfungen.

»Ganz schön viele Seiten«, seufzte ich und tackerte die Ausdrucke zusammen.

Es war Sonntagnachmittag, und ich machte mich mit den Homeschooling-Mappen auf den Weg zur Hanswarft, um sie zu verteilen.

»Moin!«, rief mir Gesches Mutter Sanne entgegen. Sie stand vor dem Haus und rauchte eine Zigarette. Hinter ihr guckte Gesche aus der Tür. Zunächst sah ich lediglich ihre Haare. Sie hatte sie pink gefärbt. Gesche und ihre Haare strahlten um die Wette.

»Okay, das sind die Aufgaben?«, fragte sie und nahm ihre Mappe entgegen.

»Jepp. Wenn du Fragen dazu hast, kannst du immer anrufen.«

»Okay. Wann muss ich die Aufgaben machen?«, fragte sie und kniff die Augen zusammen. Ich wusste, dass sie sehr gern lange schlief und erst spätabends so richtig aktiv wurde.

»Jeder von euch hat seinen eigenen Rhythmus. Arbeitet so, dass es gut in euren Familienalltag passt. Am Freitag bis 18 Uhr sollen die Mappen dann in der Schule sein. Dann schau ich sie am Wochenende durch. Sonntag bringe ich dann die neuen Aufgaben und Feedback zu euren Ergebnissen rum.«

»Topp!«, meinte Gesche und verschwand wieder im Haus.

Ihre Mutter sah mich dankend an und nickte.

Als ich bei Jelkos Zuhause ankam, knallte gerade eine Tür, und ich hörte seine brüllende Stimme.

»Einen Scheiß muss ich!«

Aus einer Seitentür schlich Broder und stellte sich neben mich.

»Na, Broder, alles gut?«

»Jelko tickt nicht richtig. Ich hau lieber ab.«

Er flitzte davon, um mit Aukje und Enno zu spielen. Vorsichtig klopfte ich an die Tür und ging hinein.

»Moin!«, rief ich, und Jelko stand vor mir im Flur. Seine Kiefer mahlten aufeinander. Er schnaubte noch einmal und begrüßte mich schließlich mit einem Lächeln. Die Vorstellung, dass er die nächsten Wochen zu Hause bleiben würde, behagte mir überhaupt nicht.

»Was hältst du davon, wenn wir uns jeden Tag um zehn oder elf in der Schule treffen und für die Abschlussprüfung pauken?«, fragte ich.

Er zögerte kurz, sah mich dann an und fragte: »Geht auch schon um acht?«

»Sagen wir neun«, lachte ich.

»Abgemacht!«

Als ich weiterging, rannten mir Aukje und Enno über den Weg. »Hallo, Frau Warda!«

»Hallo, ihr beiden. Wo ist denn Broder?«

»Der versteckt sich noch. Wir spielen *Schalter, Schalter*. Wollen Sie mitspielen?«

»Ein anderes Mal, ich muss noch die Mappen verteilen.«

Also klopfte ich auch bei den restlichen Familien, trat mit gebührendem Abstand in die Flure, hielt bei jedem ein kleines Schwätzchen, um zu sehen, wie es ihnen ging. Ich musste nur

Türschwellen, aber keine Hemmschwellen mehr übertreten, stattdessen umfing mich Vertrautheit. Als ich endlich den Heimweg antrat, kam ich wieder an Gesches Haus vorbei. Sanne stand wieder oder immer noch davor. Diesmal mit ihrem Mann, der lachend auf mich zukam und meinte: »Wenn du jedes Mal so lang unterwegs bist, um die Mappen zu verteilen, dann nimm lieber Wegzehrung mit.« Und er legte mir lachend eine Dose Faxe-Bier in den Fahrradkorb.

»Danke schön!«, lachte ich zurück und fuhr nach Hause.

Ich setzte mich in meinen kleinen Garten und beobachtete die Vögel, die ausgelassen in den Büschen tanzten. Mein Handy ploppte und signalisierte eine neue WhatsApp-Nachricht. Was war denn da los? Leere Supermarktregale, eine vereinsamte Packung Reis. Meine in Wien lebende Tochter schickte mir die Eindrücke ihres letzten Einkaufs oder besser Einkaufsversuches. Es gab einfach nichts mehr. Hamsterkäufe wie vor einer Katastrophe. Als ginge die Welt unter. In trügerischer Schönheit funkelte das Meer in der Sonne. Hier gab es keinen Ausnahmezustand, keine lähmende Angst, keine Panik. Die Halligen waren zu. Wir waren in Sicherheit, vorerst.

Im kleinen Einkaufsladen waren die Regale noch gefüllt. Ich legte eine Packung Klopapier in meinen Wagen und schob weiter zum Brotregal. Plötzlich hörte ich einen Tumult.

»Nein! Das ist meins! Weg! Gib her! Meins!«, brüllte es vom Klopapierregal herüber. Lachend filmte eine Halligbewohnerin die zwei Komödianten, die sich um eine Packung Klopapier stritten. In Katastrophenzeiten half schwarzer Humor oft, die Angst zu besiegen. Hauptsache, man verlernte nicht zu lachen.

»Ihr seid doch verrückt«, lachte ich und ging raus. Hier draußen war bis auf den Kaufmannsladen noch alles geschlossen.

Eigentlich hatten wir jeden Winter Lockdown. Die Souvenirläden, das Sturmflutkino, die Restaurants, das Museum lagen allesamt im Winterschlaf, der nun nicht endete. Und während wir Menschen in der Wintersaison verharrten, zog der Frühling ein. Unbeeindruckt schien die Sonne, ihre Strahlen küssten die Erde. Die Blätter sprossen und kuschelten miteinander. Die Blüten standen Hand in Hand rund um den Fething, und hoch über mir kreischten die Möwen, als verhöhnten sie uns.

Einfach mal durchatmen

Ich saß auf meiner Terrasse und genoss die ersten warmen Tage des Jahres. Der Wind säuselte leise in meinen Ohren. Auf der Warft rannte ein Austernfischer aufgeregt hin und her. Sein penetranter Ruf störte die entspannte Atmosphäre ein wenig. Ich wusste, dass sein Nest ganz in der Nähe war, und er veranstaltete dieses Theater in einiger Entfernung, um davon abzulenken.

»Geschickt«, dachte ich und trank einen Schluck Tee aus meinem Friesenbecher.

Unsere Aufmerksamkeit richtete sich in diesen Tagen auf Norditalien. Ob wir von etwas noch Schlimmerem abgelenkt werden sollten, wusste ich nicht. Wie durch ein Fenster sahen wir im Fernsehen die Bilder von Eislaufhallen, in denen die Opfer der Coronapandemie aufgereiht waren. Über 3.000 Tote. Was würde geschehen, wenn das Virus auf die Hallig käme? Würden wir alle sterben?

Es gab ein Beherbergungsverbot, sodass keine Touristen zu uns kamen, die das Virus im Gepäck haben könnten. Doch konnten wir uns in Sicherheit wiegen?

Es gab Pendler, Handwerker und Bauarbeiter, die vom Festland rüberkamen. Einige von uns mussten mal zum Arzt oder größere Einkäufe erledigen und fuhren dafür auf den Kontinent. Wir waren für uns hier auf der Hallig, aber nicht gänzlich isoliert. Die bedrohliche Gefahr verursachte einen Knoten in meinem Bauch, der mit jeder Nachricht aus der Welt größer und fester wurde.

Plötzlich hörte ich Kinderstimmen. Aukje und Leni kamen die Warft hoch und standen an meinem Gartentor.

»Hallo, Frau Warda! Kommen Sie mit Fußball spielen? Wir sind alle da«, bat Leni.

»Ach bitte«, flehte Aukje, »das macht so'n Spaß, und wir haben so tolles Wetter.«

Ich stand auf und sah meine Schulkinder weiter hinten auf unserem Fußballplatz herumtollen.

»Wir haben Lockdown, Kiddies. Ich kann nicht hier die Schule schließen und dann mit euch übern Bolzplatz toben. So gern ich auch mitspielen möchte, aber das kann ich echt nicht bringen«, bedauerte ich.

»Kann Ella denn mitkommen?«, fragte Aukje und winkte Ella zu, die gerade in der Haustür auftauchte. Ella sah mich an, und ihre Augen glänzten in der Sonne. Natürlich war das nicht im Sinne des Lockdowns und der Kontaktbeschränkungen, dennoch ließ ich sie mitspielen. Man musste doch abwägen, was die Gesundheit in diesem Fall stärker belastete.

Ich hörte die Kinder bis hierher juchzen.

Am Abend saß ich nicht an meinem Schreibtisch im Büro, sondern stand im Klassenraum vor der großen Tafel. Vor mir signalisierte mir die Kamera des Laptops, dass sie auf Empfang war.

»Einen wunderschönen guten Morgen, ihr beiden. Heute wird multipliziert, so nennt man das Malrechnen. Was das ist und wie das geht, seht ihr jetzt«, sprach ich laut und deutlich und lächelte in die Kamera. Ich holte unterschiedliche Materialien, richtete die Kamera auf die Tischplatte, und los ging's. Mein erstes Lernvideo entstand.

Die Homeschooling-Mappen hatten schnell ausgedient, wir arbeiteten jetzt digital. Über die Plattform *itslearning* bekamen meine Schülerinnen und Schüler täglich ihre Aufgaben. Mein Stundenplan hatte sich deutlich gewandelt, ebenso wie der der Kinder. Immer von zehn bis dreizehn Uhr fanden Videokonferenzen in unterschiedlichen Fächern und Jahrgangsstufen statt. So hatte ich mit jedem Kind zwei- bis dreimal in der Woche Blickkontakt, und wir konnten uns austauschen. Mit Jelko traf ich mich weiterhin täglich, und er paukte für die Abschlussprüfung. Wir kamen gut voran, trotz Lockdown, und dennoch war es ein ungewollter Ausnahmezustand.

Es war schon kurz vor Mitternacht, als ich fertig war. Ich sah mich im Klassenraum um, der um diese Zeit genauso verwaist war wie an den Vormittagen. Hier hatte sich vieles verändert. Kein Neonlichtsurren mehr, an den Fenstern waren neue Rollos, neue Regale standen als Raumteiler hier mit Fächern für die Materialien der Kinder. Der Ficus grünte lebensfroh vor sich hin. Ich hob ein Lineal auf und schob es zurück in Broders Fach, aus dem lose Zettel, Stöcker, Muscheln und Hefte herausquollen. Das Fach daneben gehörte Aukje. Die wenigen Hefte und Mappen lagen ordentlich gestapelt darin. Die restlichen Materialien hatte sie zu Hause für den Distanzunterricht.

Sie fehlten mir hier, alle. Was war eine Schule ohne Kinder, eine Lehrerin ohne Klasse?

Ich arbeitete nicht gern mit den digitalen Medien. Warum sollten die Kinder Spiele wie Jenga oder Memory auf dem Tablet spielen, wenn sie das Originalmaterial in den Händen halten konnten? Warum mussten sie Antworten anklicken oder irgendwohin ziehen, wenn sie diese aufschreiben und so vom Kopf durch die Hand fließen lassen konnten? Natürlich gab es mit diesen Medien ganz andere Möglichkeiten, und sie waren gerade für unseren Distanzunterricht unverzichtbar, dennoch fiel mir die Arbeit damit schwer. Ich tat meinen Job, holte raus, was ich konnte, doch ich brannte nicht mehr für ihn, denn er hatte sich gewandelt.

Am nächsten Morgen saß ich ab neun Uhr im Büro. Die spätere Anfangszeit war eine Freiheit, die ich mir rausnahm und sehr genoss, da sie deutlich besser zu meinem Biorhythmus passte. Danach starteten die Videokonferenzen, und ab Mittag saß Jelko für zwei Stunden bei mir. Alles ging seinen Gang.

Das Telefon klingelte, und meine Tochter aus Niedersachsen rief an.

»Hallo, Mama, wie geht's dir?«

»Gut. Die Arbeit ist komisch, aber wir sind fit und gesund. Und bei dir?«

Sie seufzte. Sie erzählte mir vom Einkaufen, wo Leute sich aggressiv begegneten, erzählte von misstrauischen Blicken, Abständen, Unsicherheiten. Man durfte sich nicht mehr mit vielen Leuten treffen, und Angst vor dem unsichtbaren Feind ging durch die Reihen.

»Hat sich von deinen Leuten schon jemand angesteckt?«, fragte ich.

»Nee, ich kenn keinen. Ist wie ein Gespenst, diese ganze Pandemie. Man sieht nichts, man hört nichts, und alle haben Angst. Man darf nichts mehr, und keiner weiß, wie lange es dauert«, stieß sie aus.

»Ich darf ja nicht mal zu dir kommen«, fügte sie hinzu, und ihre Verbitterung war deutlich zu spüren.

»Ich glaube, Familienmitglieder dürfen«, murmelte ich und schaute aus dem Bürofenster auf das weite Wattenmeer. Es wurde zunehmend wärmer draußen, doch heute wollte die Sonne nicht so recht scheinen.

»Ach, egal, lieber nicht«, antwortete sie resigniert, »wir sehen uns, und bleib gesund!«

»Ja, mein Schatz, bleib gesund.«

Ein Satz, der sich immer mehr zum Abschiedsgruß dieser Zeit entwickelte.

Bei meinem Nachmittagsspaziergang konnte ich meine Jacke bereits zu Hause lassen. Auf dem Sommerdeich, wo sonst zu dieser Jahreszeit immer mal wieder Touristen spazieren gingen, entdeckte ich eine einzelne Person. Es war Emma. Ich erkannte sie an ihrem Gang und an Odin, der um sie herumsprang. Als wir einander erreichten, standen wir unschlüssig voreinander. Anderthalb Meter Sicherheitsabstand wurden angeordnet. Durften wir uns zur Begrüßung in den Arm nehmen? Auch wenn den Norddeutschen eine distanzierte Kühle nachgesagt wurde, Freunde waren Freunde.

Wir blieben unschlüssig stehen.

»Sicherheitsabstand«, feixte ich und versuchte, die Situation aufzulockern.

»Wie hieß das noch? Wir Norddeutschen hoffen ja, dass die Regel mit den anderthalb Metern Abstand bald endet, damit wir wieder zu unserem Komfortabstand von fünf Metern zurückkönnen«, grinste sie.

»Ja, genau!«

Wir lachten und gingen gemeinsam den Deich entlang. Die Sonne war wieder rausgekommen und ließ am Horizont Norderoogsand erstrahlen. Es war der zweitgrößte Außensand hier im Wattenmeer und gehörte zur Schutzzone eins, was bedeutete, dass er nur mit Ausnahmegenehmigung betreten werden durfte.

»Guck mal, unsere Karibikinsel«, sagte Emma und wies mit ihrem Kinn dorthin.

»Oh ja, da steht unser schicker Barkeeper an der Strandbar.«

»Mit freiem Oberkörper.«

»In der Sonne glänzend.«

»Und macht uns Cocktails.«

»Oder Kamillentee. Für die älteren Damen.«

Wir lachten laut und freuten uns auf den nahenden Sommer.

Watt en Schlick

Mit jedem Tag wurde es wärmer, und die Fennen gewannen ihr saftiges Grün zurück. Ich hatte mich in Richtung Landsende aufgemacht. Es war gerade Ebbe, und das Watt glänzte in der Sonne. Der Wind strich mir durch die Haare und ließ den Sommer schon erahnen. Ich atmete tief ein und sog die salzige Luft ein, die nach Weite und Schlick roch. Was für ein belebender Duft.

Wehmütig dachte ich an den letzten Sommer zurück. Ich hatte Karten für das Watt-en-Schlick-Festival in Dangast ergattert. Bereits eine halbe Stunde nach Beginn des Kartenvorverkaufs war alles ausverkauft gewesen, und ich hatte es geschafft. Seit Jahren schon wollte ich dort hin, doch nie hatte es geklappt. Die Kinder zu klein, die Arbeit zu viel, das Geld zu knapp, die Bemühungen zu langsam. Immer hatte es einen Grund gegeben. Doch letztes Jahr hatte es endlich geklappt, stolz und voller Vorfreude hielt ich mein Ticket für das dreitägige Festival in den Händen. Drei Tage direkt am Jadebusen, die Füße im Sand, drei Tage Musik, Kleinkunst, Literatur, drei Tage nur für mich genießen. Doch erstens kommt es anders und zweitens als man denkt. Als im letzten August in Dangast Menschen tanzten und durch den Schlick rutschten, war ich schon auf die Hallig gezogen. Meine Karte hatte ich über eBay angeboten und binnen fünf Minuten verkauft. Der Mann, der sie noch am selben Tag persönlich bei mir abholte, weinte fast vor Glück.

»Jedes Jahr war ich da. Es ist mein Jahreshighlight, und dieses Jahr habe ich keine Karte mehr bekommen«, juchzte er, schüttelte ausgelassen meine Hand und fuhr dann davon.

Ich seufzte. Es wäre mein erstes Mal gewesen.

Weit draußen im Wattenmeer sah ich eine kleine Menschengruppe laufen. Wie kleine verlorene Pfosten eines weggefegten Steges sahen sie aus. Sie kamen von Norderoog, der Hallig südwestlich von Hooge. Von Weitem erkannte ich die beiden Gebäude, die dort auf Pfählen errichtet waren. Im Winter war die Hallig unbewohnt, doch vom Frühling bis zum Herbst lebte dort ein Vogelwart. Es gab kein fließendes Wasser. Das Plumpsklo ließ einen weiten Blick aufs Meer zu. Ich grinste bei dem Gedanken, dort zu sitzen und dabei in die Weite zu schauen. Sehr befreiend. Jedenfalls solang das Wetter mitspielte.

Als ich den Vogelwart mal fragte, wo er denn duschen könne, blickte er mich an und wies schmunzelnd aufs Meer. Außerdem liefe er einmal die Woche rüber nach Hooge, um dort einzukaufen und der Körperpflege zu frönen. So verlockend ich die Vorstellung auch fand, sich dorthin mal zurückzuziehen, eins zu werden mit der Natur und seine Wurzeln wiederzufinden, war an diesem Punkt die romantische Vorstellung verflogen. So ursprünglich wollte ich dann doch nicht leben.

Gemeinsam mit einer Handvoll Touristen nahm ich an einer Wattwanderung teil. Unsere Wattführer waren Karina und Tobi, die Schutten der Schutzstation. Die Schutten waren junge Menschen, die für ein Jahr ihren Freiwilligendienst in der Naturschutzstation leisteten. Sie wussten eine Menge über das Wattenmeer zu erzählen.

Ich hielt eine handtellergroße Austernschale in der Hand und erfuhr, dass es sich nicht um eine einheimische Muschel handelte. Die Austern der Nordsee waren deutlich kleiner, hatten eine rundere Form und auch nicht eine so dicke Schale. Die

Austern, die hier überall herumlagen, waren aus dem Pazifik, von Menschen eingeschleppt, und sie hatten die einheimische Muschel fast gänzlich vertrieben.

Ein Schneckenhaus bewegte sich recht flott vor meinen Füßen.

»Ein Einsiedlerkrebs«, erklärte Karina. »Sie ziehen in die leer stehenden Schneckengehäuse ein und nutzen sie als Schutzschild. Wenn sie wachsen, müssen sie umziehen und ein größeres Haus finden.«

Fasziniert beobachtete ich den kleinen Krebs, der seine schützende Rüstung stets mit sich trug.

»Guckt mal, ein Doppeldecker!«, rief ein aufgeweckter Junge und streckte zwei Muscheln hoch, die aufeinanderklebten.

»Das sind Pantoffelschnecken. Sie haben ihre Wurzeln an der amerikanischen Ostküste«, so Tobi. Während der Junge schon weitergelaufen war, erklärte er mir, dass diese Tiere ein ganz besonderes Paarungsverhalten hatten. Alle Pantoffelschnecken waren nämlich zunächst männlich. Wenn sie dann auf ein Weibchen trafen, setzten sie sich auf deren Schale und blieben dort kleben. Kam dann die nächste Pantoffelschnecke und setzte sich noch obendrauf, dann wechselte das Männchen sein Geschlecht und wurde zum Weibchen. Sie bildeten auf diese Weise ganze Türme mit bis zu einem Dutzend Tieren.

»Wie genial ist das denn bitte?!«, rief ich begeistert aus. Seither betrachtete ich aufeinanderklebende Pantoffelschnecken mit ganz anderen Augen.

Wir gingen langsam und behutsam. Neben uns waren große Vogelschwärme, die sich am reich gedeckten Tisch des Wattenmeeres satt futterten. Nur der aufgedrehte Junge, dessen Eltern immer weiter zurückfielen, rannte vor uns hin und her.

Die Schutten riefen uns zusammen, und Karina holte aus ihrem Rucksack einen selbst genähten Vogel.

»Hier rasten viele Vögel auf ihrem Flug in ihre Winterquartiere. Manche müssen bis nach Afrika fliegen und brauchen dafür ordentlich Fettreserven. Deshalb ist es so wichtig, dass sie hier ungestört fressen können.«

»Die Knutts sind absolute Langstreckenzieher«, fuhr Tobi fort. »Sie müssen etwa ein Drittel ihres Körpergewichts fressen, um den langen Flug zu überleben. Sie landen nicht, bevor sie an ihrem Ziel sind. Werden sie hier gestört oder verjagt, fressen sie zu wenig. Sie fliegen aber los, wenn es an der Zeit ist.«

»Sterben sie dann?«, fragte der Junge kleinlaut.

»Ja, leider. Zunächst verbrauchen sie ihre Fettreserven. Wenn die aufgebraucht sind, greifen sie ihre eigenen Organe an und verenden im Flug.«

Ich war schockiert und stellte mir vor, wie mir ein toter, halb verwester Vogel vor die Füße fiel. Nun gingen wir äußerst ruhig weiter, beobachteten das Leben um uns herum und horchten auf die Geräusche des Wattes. Karina und Tobi forderten uns schließlich auf, uns mit einigem Abstand voneinander in einer Reihe aufzustellen, den Blick aufs Festland gerichtet.

»Schließt nun die Augen und geht etwa hundert Schritte auf die Küste zu«, ermunterte Karina uns. »Aber lauft nicht ins Rummelloch«, fügte Tobi lachend hinzu.

Das Rummelloch war ein Priel zwischen Hooge und Pellworm und sollte bis zu fünf Meter tief sein. Ein wenig eingeschüchtert marschierten wir also los. Ich konzentrierte mich auf meine Schritte, zählte, lauschte auf die Umgebung. Plötzlich wurde ich von jemandem angerempelt, der wohl die Orientierung verloren hatte. Die Augen weiterhin fest geschlossen schritt ich weiter voran, und es wurde ruhig um mich herum. Als ich meine Augen wieder öffnete, blickte ich nicht auf die Hallig, sondern auf die Insel Pellworm, die zu meiner Rechten gelegen hatte. Alle anderen standen weit entfernt von mir irgendwo verloren im Watt und waren ebenso verwirrt wie ich. Ein mulmiges Gefühl beschlich mich. Wenn mitten im Wattenmeer Seenebel aufkam, konnte man binnen kurzer Zeit nichts mehr sehen, als wären die Augen geschlossen. Warten, bis der Nebel sich verzog, war im Gezeitenwechsel nicht ratsam, denn die Flut würde kommen. Also hieß es, mit festem Schritt in die richtige Richtung zu laufen und zu hoffen, sicher anzukommen. Da die meisten Menschen aber nicht exakt gleich lange Beine hatten, entstand beim blinden Laufen häufig ein Links- oder Rechtsdrall, der einen im schlimmsten Fall im Kreis laufen ließ. Selbst die erfahrensten Wattläufer erlagen diesem Phänomen, wie die tragische Geschichte vom Vogelwart Jens Sörensen Wandt erzählte.

Ein eigenbrötlerischer Mann soll er gewesen sein. Er wurde 1875 geboren und fand seinen Tod im Mai 1950. Er war der erste Vogelwart auf Norderoog und wurde auch als Vogelkönig von Norderoog bezeichnet. In seiner abgewetzten Kleidung soll er dort gestanden haben, einen dicken Knüppel schwingend, um ungebetene Gäste zu vertreiben, die neugierig auf die Hallig kamen und die Vogelwelt störten. Er kümmerte sich um die Vögel, insbesondere um die Brandseeschwalbenkolonie auf der Hallig. Seine Frau verlor er 1914, sie ertrank im Meer. Er soll sich von den Menschen abgewandt, die Einsamkeit gesucht haben. Ein eigensinniger Sonderling, zurückgezogen und verschlossen.

»Wie lange willst du denn noch bei mir filmen?«, fragte Wandt barsch, als er sich mit dem Hobbyornithologen Rolf Venzl am 26. Mai 1950 auf den Weg zurück nach Norderoog machte. Sie hatten einen Bekannten in der nächtlichen Ebbe nach Hooge begleitet, damit der mit dem Postschiff um vier Uhr nach Pellworm und anschließend zum Festland übersetzen konnte.

»Ein bisschen wirst du mich wohl noch ertragen müssen«, antwortete Venzl mürrisch. Eigentlich mochte er den alten Zausel, aber heute war er wieder besonders unausstehlich. Alles wusste er besser. Vorhin wären sie beinahe vom Weg abgekommen und schnurstracks ins Rummelloch gewandert. Was für ein sturer Kopf er doch war. Venzl schüttelte den Kopf und starrte auf das Wattenmeer, das zwischen ihnen und Norderoog lag. Das Wasser lief bereits wieder auf, und es war immer noch dunkel.

»Lass uns auf die nächste Ebbe warten. Dann ist es auch wieder hell«, schlug er dem alten Wandt vor.

Doch der schnaubte nur verächtlich.

»Will ich hier so lang rumhängen? So weit kommt das noch. Ich will nach Hause.«

Und entschlossen setzte er seinen Fuß auf den Schlickboden, der ihn schmatzend empfing. Unbeirrt stapfte er los. Venzl schüttelte wieder den Kopf und folgte ihm.

»Du läufst doch falsch«, schimpfte er, »wir müssen weiter östlich. Guck auf meinen Kompass!«

Wandt schob verächtlich den Kompass aus seinem Blickfeld.

»Seit über vierzig Jahren lebe ich hier im Wattenmeer. Als ob ich einen Kompass bräuchte«, lachte er.

»Du sturer Hund! Dann lauf doch, wohin du willst!«, brüllte Venzl.

Seine Hand umklammerte den Kompass, und den Blick fest darauf gerichtet ging er weiter. Das Watt wurde mit jedem Schritt nasser. Der Wind frischte auf und ließ ihn frösteln. Zugleich perlte ein Schweißtropfen von seiner Stirn, denn verbissen schritt er voran, steigerte das Tempo und erreichte schließlich sicher die Hallig. Im Osten war die Sonne aufgegangen und färbte den Himmel blutrot.

Venzl drehte sich um und hielt Ausschau nach Jens Wandt, doch dieser erreichte die Hallig nie. Wandt soll einmal gesagt haben: »Eenmal halt de Woogen mi doch.« Er sollte recht behalten.

Am nächsten Morgen wurde seine Leiche an Land gespült. Seine letzte Ruhestätte fand der Vogelkönig auf dem Hooger Friedhof.

Ich dachte oft an diese Geschichte, wenn ich im Watt unterwegs war. Die Schutten gingen nie ohne Kompass ins Watt, und ich ging nie allein.

So erschütternd das Schicksal des Vogelkönigs war, so zeigte es mir, wie klein der Mensch und wie unfassbar gewaltig die Natur war. Sie weckte in mir keine Angst, sondern Ehrfurcht. Dieses erhabene Gefühl, als ich bei einer anderen Wattwanderung auf dem Japsand stand, ein Außensand westlich von Hooge. Die Farben des Sonnenuntergangs durchströmten mich, um mich herum sah ich das glitzernde Meer, fühlte den feinen Sand zwischen meinen Zehen, roch die salzige Luft, hörte das Rufen der Vögel. Ich war mittendrin und selbst Teil des Ganzen, empfing mit allen Sinnen das Leben. Ich war kein religiöser Mensch und weiß Gott keine Kirchgängerin, aber hier spürte ich das Göttliche rings um mich und tief in mir drin. Mir war, als würde ich strahlen. Die Wogen des Meeres, des Windes und des Sandes hielten mich, und ich fühlte mich gesegnet – wahrhaftig gesegnet.

Sommerbräune

»Schnell ans Meer, es ist noch Wasser da!«, rief Ella mir zu und stopfte ihr Badehandtuch in die Tasche.

Seit Tagen brannte die Sonne vom Himmel, doch der kühle Meereswind streichelte die Haut. In der Stadt mussten diese Temperaturen unerträglich sein. Hier verwandelten sie unseren Schlickhaufen im Meer in den Strand von Waikiki. Barfuß radelten wir Richtung Westerwarft zu unserer Lieblingsbadestelle.

Als wir den kleinen Sandabschnitt erreichten, tummelte sich bereits die Schweizer Familie im Wasser, die sich seit einigen Tagen jeden Nachmittag hier aufhielt. Die beiden Jungs trugen neben ihren Badehosen auch Schwimmbrillen und Wattschuhe. Sie hüpften und sprangen im Wasser umher, wichen Seegras und Muscheln aus und warfen sich einen Tennisball zu.

Wir ließen unsere Handtücher auf dem Sommerdeich liegen, schlüpften aus den Klamotten und rannten in die Wellen. Heute war das Meer ein wenig unruhig. Es kräuselte die Stirn und schäumte hin und wieder eine kleine Welle auf, die sich am Muschelsand brach. Ella spielte bereits mit den anderen, und ich schickte meinen Blick über den Horizont. Der Leuchtturm von Amrum winkte bei dieser klaren Sicht herüber, Föhr mit seinen Gebäuden leuchtete mit ihm um die Wette, und links verlor sich die lange Hallig Langeneß Richtung Festland.

Auf einmal tauchte ein Seehund nicht weit von uns entfernt auf und betrachtete uns neugierig. Auch bei den Schweizer

Jungen blieb das Tier nicht unentdeckt, und aufgeregt stürmten sie auf ihn zu. Ella und ich hingegen bewegten uns lieber zurück zum Ufer, nicht nur weil Seehunde Ruhe brauchten, sondern vor allem, weil es sich um Raubtiere mit ziemlich scharfen Zähnen handelte. Dieser Gedanke schien auch die Schweizer Eltern umzutreiben, als sie ein wenig panisch ihre Jungs zurückpfiffen. Den Seehund schien das alles nicht weiter zu interessieren. Er streckte noch einmal kurz seine Nase aus dem Wasser und verschwand.

Wir saßen auf der Steinkante und knabberten ein paar Kekse. Ich betrachtete meine braun gebrannten Füße, auf denen der petrolblaue Nagellack fantastisch wirkte. Der Farbton glich dem in meinem Tattoo, das sich auf den braun gebrannten Armen abhob.

Vom Anleger her kam schon die Adler-Express, eine moderne Fähre, die mit Highspeed durch die Nordsee düste. Sie wurde nicht mehr mit einem Steuerrad gelenkt, sondern mit einem Joystick. Außerdem konnte sie sogar seitwärts fahren. Zwei bewegliche Wasserstrahldüsen unterhalb des Schiffes sorgten mit viel Kraft für Antrieb. Gleichzeitig hatte sie Stabilisatoren und lag bei ihrer rasanten Fahrt ruhig im Wasser. Ich fühlte mich immer ein bisschen wie in einem ICE der Bahn, wenn ich damit rüber nach Amrum glitt.

»Das gibt gleich wieder tolle Wellen«, meinte Ella und grinste. »Gut, dass wir hier oben sitzen.«

Unser Blick folgte dem schnellen Schiff. Als es schon vorbei war und Kurs auf Amrum nahm, begann das Meer, sich zu verändern. Ganz sanft zunächst zog es sich ein wenig zurück, als würde es tief einatmen. Mit jedem Atemzug erhoben sich die Wellen höher, rollten auf das Ufer zu, um im letzten Moment zu brechen und in Schaum über den Sand zu sprudeln. Wie ein neckisches Streicheln, als wollte es uns ärgern. Schnell sprangen wir auf und warfen uns ins Wasser.

»Bestimmt kommt Maik gleich«, freute sich Ella, »die Adler-Express ist durch, dann hat er Feierabend.«

Maik kam jeden Sommer auf die Hallig und half in der Küche im Friesenpesel. Mittlerweile waren auch wieder einige Gäste auf Hooge, Corona schien Sommerpause zu machen, und wir hatten wieder Saison. In der letzten Woche trafen wir uns täglich hier zum Baden.

Es war unser ganz persönlicher Lieblingsbadeplatz auf der Hallig. Jelko und Gesche schwörten auf die Schleuse, da konnte man so toll ins Hafenbecken springen. Aber hier an der Westerwarft gab es ein kleines bisschen Sandstrand, und das Wasser fiel sanft ab.

Mit einem lauten »Moin« begrüßte uns Maik. Er brachte seine Freundin Amke mit. Sie hatte ihr Board dabei. Schnell legten sie ihre Handtücher neben uns auf den Steindeich und rannten zusammen mit Ella ins Meer.

»Iiihhh«, schrie Ella auf, weil Maik ihr von hinten eine große Handvoll Algen und Seegras auf den Kopf gelegt hatte. »Na warte«, hörte ich noch, und schon war eine Algenschlacht im Gange. Die Schweizer Jungs zogen sich ehrfürchtig zurück. Vermutlich fanden sie das Ganze ziemlich eklig. Maik hatte sich gerade ein neckisches Bikinioberteil aus Algen geformt und tanzte den Sonnentanz.

»Hast du schon mal Stand-up-Paddling gemacht?«, fragte Amke und winkte mich zu sich ans Board. »Na los, probier mal«, ermunterte sie mich, »du kannst dich ja erst mal draufknien, dann kriegst du ein Gefühl dafür.«

Das konnte ja nicht so schwer sein. Draufsitzen konnte ich absolut sicher. Also befestigte ich das Band an meinem Knöchel. Der Klettverschluss kratzte ein bisschen an der Haut, als ich mich vorsichtig erhob und auf dem schwimmenden Brett einen sicheren Stand suchte. Mit beiden Händen umklammerte ich das Paddel und glitt auf den salzigen Wellen der Nordsee langsam dahin. Vermutlich sah ich dabei nicht gerade grazil aus.

»Sah ein bisschen so aus, als hättest du dir in die Hose gemacht«, raunte mir Ella später zu und kicherte. Doch das spielte letztendlich keine Rolle. Ich stand mit über vierzig Jahren zum ersten Mal auf einem Board und war stolz wie Oskar, dass ich stehen geblieben war. Allmählich ließen auch die Verkrampfungen in meinen Oberschenkeln wieder nach.

»Möchtest du noch ein Alster?«, fragte Maik und hielt mir eine Dose Astra Kiezmische hin.

»Gern.«

Es zischte, als ich den Metallring hochdrückte. Unsere Haut nahm langsam den goldenen Glanz der untergehenden Sonne an. Wir schwiegen und schauten in den Sonnenuntergang. Der Himmel hinter Amrum begann, lichterloh zu brennen. Der Wind strich durchs Haar und flüsterte mir ins Ohr: »Ein Privileg – das ist es, hier wohnen zu dürfen. Mitten im Meer.«

In den folgenden Tagen wurde es immer schwieriger, am Nachmittag schwimmen zu gehen, denn die Tide verschob sich täglich um etwa eine Dreiviertelstunde.

Hin und wieder gingen Ella und ich Schlickrutschen mit unseren Wattsocken.

Es war wie das Gleiten mit Gleitschuhen auf dem Eis. Wir hakten uns ein und begannen, im Gleichschritt loszugleiten, und erzielten beachtliche Geschwindigkeiten.

»Stopp, stopp!«, rief ich. »Ich kann nicht mehr! Ab jetzt nur noch Synchron-Seniorenlaufen!«

Wir lachten und taumelten langsam auf die untergehende Sonne zu.

Am nächsten Tag klemmte ich mir den Wäschekorb unter den Arm und ging barfuß auf die Warftkante. Ich hatte mir angewöhnt, meine Wäsche geordnet nach Kleidungsstücken und wenn möglich sogar nach Farben sortiert an die zwei langen Leinen zu hängen. Immer wieder blieben Touristen stehen und fotografierten die im Wind flatternde Wäsche auf den grünen Warftkanten. Es war daher keine Überraschung, dass ich meine Unterwäsche auf einem Wäscheständer im Haus trocknen ließ. Auf der Straße spazierten zwei Frauen entlang, deren Worte vom Wind zu mir heraufgetragen wurden, ohne dass sie sonderlich laut sprachen.

»Schon schön hier, ... ja.«

»Urlaub ja, aber wohnen will ich hier nicht.«

Ich schaute den beiden nach, wie sie die Straße hinuntergingen. Wie sie Kühe und Kälbchen fotografierten, die gelben Regenjacken locker über den Arm gelegt zügig ihren Alltag hier entschleunigten, um in einer Woche wieder von einem Termin zum nächsten zu springen. Wie sie die Stille der Weite genossen in ihrem sonst lauten Leben. Langsam nahm ich den leeren Wäschekorb auf, blickte seelenruhig aufs Meer und dachte: »Ach, wissen Sie, wenn man hier wohnt, braucht man gar keinen Urlaub.«

Zwischen dem Hier und dem Dort

An diesem Morgen begrüßte uns die Hallig mit einem atemberaubenden Sonnenaufgang. Es war still draußen, einer der wenigen windstillen Tage auf Hooge. Wie ein Spiegel lag das Meer da und gab die Farben des Himmels ungebrochen wieder. Immer wieder schaute ich zum Himmel hinauf, schüttelte ungläubig den Kopf und hauchte: »Ist das schön.«

»Ja, Mama. Das hast du schon ein paarmal gesagt«, stöhnte Ella.

Der Satz war so klein und unscheinbar und wurde auch durch Wiederholungen nicht größer. Es gelang mir nicht, diese mystische Stimmung in die richtigen Worte zu fassen. Den Blick auf den Horizont gerichtet, der in alle erdenklichen Rottöne getaucht war, saß ich hinter dem Steuer unseres Autos und wartete auf die Fähre, die uns von hier fortbringen würde. Immer wieder hielt ich den Atem an, um den Augenblick zu halten, hauchte ein »Schön« und lächelte beseelt.

Ella fing an zu kichern. »Ach, Mama«, meinte sie und legte mir tröstend ihre Hand auf den Arm, »wir ziehen doch nicht weg, wir fahren doch nur für drei Wochen rüber.«

»Ja«, dachte ich, »aber wenn man schon Heimweh hat, bevor man überhaupt losgefahren ist ...«

Die Hilligenlei legte an, und wir glitten hinüber Richtung Festland.

»Boah, ich hab ja keine Lust auf diese lange Autofahrt«, stöhnte Ella und kramte in der Seitentür herum, ob sich dort noch ein interessantes Spielzeug finden ließ.

»Nachher Mecces?«, fragte ich.

»Auf jeden Fall«, erwiderte sie.

»Freust du dich schon auf Papa?«

»Klar, schon ...«

»Aber?«

»Ich vermiss dann mein Zimmer und mein Bett, das Sofa ... es ist so gemütlich bei uns. In Westerstede irgendwie nicht mehr.«

Bei unserem alten Haus in Niedersachsen angekommen, nahm meine große Tochter uns in Empfang. Sie hatte Tee gekocht und Kekse gekauft. Wir saßen im Esszimmer und schauten durch die hölzernen Sprossenfenster in den verwilderten Garten. Efeu rankte an den Mauern empor und versuchte, sich hier und da den Weg ins Haus zu bahnen. Das Gras würde in den Kniekehlen kitzeln, wenn man über den Rasen ginge. Eine kleine Spinne hatte sich an der Esszimmerlampe ein Netz gesponnen und thronte andächtig in ihrem Kunstwerk. Einige Möbel fehlten, und unsere Stimmen hallten ein wenig im Raum.

»Ist irgendwie nicht mehr so gemütlich«, grübelte ich und rührte in meiner Tasse, »so ein schönes Haus. Es war immer so gesellig. So zum Wohlfühlen.«

Im Garten rannte Ella herum und versuchte, durch das Gestrüpp ihren Kletterbaum zu erreichen, von dem aus sie die ganze Nachbarschaft überblicken konnte.

Meine Tochter goss sich Tee nach, sah mich an und meinte: »Mama, das ist nicht das Haus, das bist du. Ohne dich ist das Haus tot.«

Ohne uns.

Zehn Jahre hatten wir hier gelebt. Hier hatten wir gelacht, geweint, gelitten, genossen. Zehn Jahre waren wir hier zu Hause gewesen. Nun waren alle ausgeflogen.

»Soll ich das Haus verkaufen?«, überlegte ich.

»Auf keinen Fall! Wo sollen wir denn dann alle zusammenkommen? Wir feiern hier zusammen Weihnachten. Das ist unser Familienstützpunkt.«

Sie hatte recht. Wir brauchten diesen Ankerplatz. Er gab uns Halt.

Auf einmal klingelte es, und Lene stand vor der Tür.

»Du bist da!«, quietschte sie. »Du bist endlich da!«

Wir umarmten uns und hüpften dabei durch den Flur.

»Komm rein, es gibt Tee«, lud ich ein, und schon wurde eine weitere Tasse dazugestellt, eine neue Kanne Tee aufgekocht, wie früher. Es hatte Tage gegeben, an denen ich bis zu zehn Kannen Tee aufsetzte, da sich spontan immer wieder Freunde zu uns gesellten, mit uns im naturbelassenen Garten saßen und schnackten. Manchmal waren Freunde meiner Töchter bei uns, obwohl die Mädels selbst noch unterwegs waren. Man blieb einfach mal hängen bei uns, und oft wich der Nachmittagstee dem Abendwein an der Feuerschale.

Im Flur hing eine Postkarte mit dem Spruch: »Das Beste an einer Familie: Man ist nie allein. Das Schlimmste an einer Familie: Man ist nie allein.«

Auf Hooge war ich oft allein. Und dennoch fühlte ich mich nie einsam.

Auf meinen Spaziergängen durch die Fennen und über den Sommerdeich begleiteten mich stets das Wehen des Windes, das Rauschen des Meeres und der Gesang der Vögel.

Es gab kaum spontane Überraschungsbesuche. Wenn jemand auf eine Tasse Tee vorbeikam, sah ich ihn schon von Weitem kommen und konnte alles vorbereiten. Natürlich war es jemand von der Hallig, jemand, den ich kannte, jemand, der mich nicht überraschte. Besuch vom Festland hatte meistens eine abenteuerliche Anreise hinter sich und meldete sich zuvor an. Das führte zu einer gewissen Planungssicherheit, und ich dachte an die Postkarte im Flur.

Vielleicht sollte ich eine neue Karte drucken lassen: »Das Beste am Halligleben: Es kommt nie jemand spontan vorbei. Das Schlimmste am Halligleben: Es kommt nie jemand spontan vorbei.«

Am Samstagnachmittag trafen Lene und ich uns in der Stadt. Wir wollten bummeln gehen, schick was essen und dann ins Kino. Ein richtig toller Mädelstag, wie lange hatten wir das nicht mehr gemacht.

Es dauerte nicht lang, als mir in der Parfümerieabteilung von Galeria Kaufhof richtig schlecht wurde. Wir eilten hinaus und setzten uns vor die Lambertikirche auf die Stufen.

»Was ist denn los?«, fragte Lene besorgt. Eigentlich waren Attacken dieser Art eher ihr Ding. Umso besorgter war sie, dass ich nun blass und schwer atmend auf den Steinen saß.

»Geht gleich wieder«, beruhigte ich sie, »es stank da einfach so. Konnte nicht mehr atmen. Wollen wir uns ein Franzbrötchen holen?«

»Ich hol schnell eins«, rief sie und war schon in den Schlosshöfen verschwunden.

Danach ging's deutlich besser, und wir schlenderten durch die Fußgängerzone. Lene erzählte von einer Tasche, die sie im Schaufenster bei Leffers gesehen hatte und die sie mir unbedingt zeigen wollte. Es war voll in der Stadt an diesem Samstagnachmittag. Fortwährend stieß mir jemand seine Einkaufstasche in die Kniekehle. Er war mir ziemlich dicht auf den Fersen. Schneller gehen war keine Option, da sich auch vor mir Leiber dicht gedrängt zum Bummeln versammelt hatten. Sicherheitsabstand Fehlanzeige. Corona war nicht einfach verschwunden, doch hier war nichts davon zu spüren. Keine Masken, denn wir waren ja draußen. Mein Atem wurde wieder schwerer. Zu dem penetranten Parfümgeruch, der immer noch in meiner Nase klebte, gesellten sich Körperausdünstungen nach dem Genuss einer Zwiebelsuppe und Zigarettenqualm.

»Boah, wie das hier stinkt!«, raunte ich Lene zu. Sie sah mich eine Weile schweigend an. Dann fing sie an zu lachen und bemerkte: »Ach, Ela, was bist du plötzlich empfindlich. Hier riecht es nach Zivilisation, nicht nach Schlick und Salzwasser.«

Ich grinste und nickte, aber zum Lachen war mir in dem Moment nicht zumute. Es war alles zu viel, zu laut, zu voll, zu schnell.

Erst als wir im Kino saßen, den riesigen Eimer Popcorn zwischen uns und jeder einen Liter Cola im Anschlag, kam ich zur Ruhe. Ich atmete tief durch. Gut roch es hier auch nicht, aber der Duft des heißen Popcorns überwog, und das war okay.

»Wie heißt der Film noch mal?«, flüsterte ich Lene zu.

»*Generation Beziehungsunfähig.*«

Ich schmunzelte und genoss es, hier zu sitzen. Ein toller Film, der Sound, der mich von allen Seiten umgab, die fremden Menschen, mit denen man gemeinsam an lustigen Stellen lachte und an traurigen Stellen schluchzte. Eine Generation, die in diesen pandemischen Zeiten ein kleines Stück Normalität erlebte, beziehungsunfähig hin oder her.

In dieser Nacht blieb ich bei Lene. Wir lagen im Dunkeln und hatten uns längst eine gute Nacht gewünscht, doch ich hörte an ihrem Atem, dass sie wach war.

Sie holte tief Luft und setzte zum Sprechen an: »Duuuu, Ela.«

»Mhm.«

»Wann kommst du denn wieder ganz nach Hause?«

»Mhm.«

Was sollte ich sagen? Wo war zu Hause? War die Hallig nicht schon längst mein Zuhause?

»Du bist jetzt schon ein Jahr weg. Am Anfang dachte ich noch, das geht schon. Aber es wird nicht leichter. Es wird immer schwerer.«

»Ich weiß nicht. Ella kommt jetzt in die vierte Klasse. Die wollten wir noch dort machen.«

»Und dann?«

»Ich weiß nicht, Lene. Wenn sie älter wird, kommen wir wieder.«

»Versprochen?«

»Versprochen.«

Ich spürte, dass sie wieder lächelte, und kurze Zeit später atmete sie ruhig und gleichmäßig.

Ich lag wach. Durch das Fenster schien das Licht einer Straßenlaterne.

Wem machte ich was vor? Ella und ich würden jedes Schuljahr resümieren und entscheiden, ob wir blieben. So war der offizielle Plan. Doch wie wir uns auch entschieden, es würde nicht einfach werden. Glaubte ich denn wirklich, wir sagten Auf Wiedersehen, packten unsere Möbel und führen wieder zurück? Ich war Staatsdienerin, auf Lebenszeit verbeamtet, ich arbeitete dort, wo der Dienstherr mich einsetzte. Sicherlich konnte ich Versetzungsanträge stellen, ob und wann diese bewilligt würden, lag nicht in meiner Entscheidung. Ein Wechsel in ein anderes Bundesland barg noch ganz andere Barrieren. Welche Möglichkeiten gab es überhaupt?

Einen Tauschpartner finden vielleicht. Hallo, welche Lehrkraft aus dem schönen Ammerland möchte auf einer einsamen Hallig mitten im Meer leben und mit mir tauschen?! Ich könnte mich auf Funktionsstellen bewerben. Jahrgangsleiterin, Grundschulrektorin, Seminarleiterin, Lehrauftrag an der Universität ... spielte da das andere Bundesland eine Rolle? Ich wusste es nicht. Es blieb noch die Option zu kündigen. Den Beamtenstatus aufgeben und auf alle Sicherheit verzichten, die man sich mühsam aufgebaut hatte? Nicht erstrebenswert. Und selbst wenn es einen Weg geben würde und wir wieder zurück ins Ammerland ziehen könnten, wie sollte ich die Hallig und ihre Menschen verlassen? Wo konnte ich nach dieser Erfahrung noch leben? In einer Siedlung, dicht gedrängt? Wo konnte ich mich noch wohlfühlen, ohne das Meer und diese Weite? Der Schlaf übermannte mich schließlich, doch diese Gedanken begleiteten mich nicht das letzte Mal.

Die Ferienzeit neigte sich dem Ende zu, und wir beluden den Wagen für die Heimfahrt.

»Freust du dich auf zu Hause?«, fragte ich Ella, die ihren Koffer in den Kofferraum quetschte.

»Ganz ehrlich?« Sie legte eine Kunstpause ein und sprach dann: »Ja, ich freu mich auf die Hallig. Auf die Ruhe und das Meer.«

»Ich mich auch«, dachte ich und verabschiedete mich vom Haus, von der vertrauten Straße, von der Kleinstadt und von der Heimat.

Kilometer um Kilometer bewegten wir uns Richtung Norden. Der Weg wurde länger und länger, und beständig wuchs die Beklemmung, die ihre Klauen um mich legte. Ella wurde quengeliger. Sie hatte keine Lust mehr, Auto zu fahren, und auch in meinem Rücken zwickte es unangenehm. Besonders auf der Strecke von Husum nach Schlüttsiel, als wir uns von Ortschaft zu Ortschaft plagten, schien die Fahrt kein Ende zu finden.

Doch in dem Moment, als wir auf der Bäderstraße durch Ockholm Großegaarde fuhren und der Deich in greifbarer Nähe war, tat sich mein Herz auf. Auf einmal gab es nur noch die Straße zwischen Himmel und Wasser. Rechts lag das große südliche Speicherbecken des Hauke-Haien-Kooges, auf dem sich unzählige Vögel versammelten. Majestätische Schwäne, kecke Stockenten, behäbige Graugänse, aufgeregte Ringelgänse, freche Möwen, erhabene Nonnengänse und viele kleinere gefiederte Geschöpfe tummelten sich im und am Wasser. Links erhob sich der grüne Deich mit seinen Schafen und trennte uns so lang vom Meer, bis wir hinauffuhren und das Gelände des Fähranlegers erreichten. Da lag es vor uns, das Meer, und in der Ferne konnten wir die Halligen erkennen. Oland, Langeneß, Gröde, und ganz hinten in der Sonne wartete sie auf uns. Hallig Hooge. Unser Zuhause.

Noch am selben Abend machte ich meine Runde über die Hallig. Schlenderte zur Schleuse, wo wieder Segelboote lagen. Auf einem der Schiffe saß ein Mann mit seiner Gitarre. Die Akkorde schwebten durch den lauen Sommerabend, und er sang mit sonorer Stimme *Forever free*. Ich ging über die schmale Brücke hin zum Sommerdeich und musste lachen. Diese Szene war so unfassbar kitschig, dass ich weitergeschaltet hätte, wäre sie bei mir über den Fernsehbildschirm geflimmert. Aber sie war echt. Alles war echt. Der Sommerdeich, auf dem ich Richtung Westerwarft unterwegs war. Die Sonne, die sich über Amrum dem Horizont entgegenneigte. Ein Farbenrausch, der sich auf meine Haut legte. Der Wind, der mir durchs Haar strich. Ich atmete tief ein und blickte aufs Meer.

Hier auf Hooge war alles ganz echt und ursprünglich. Die Hallig brachte in jedem das Innerste zum Vorschein. Man fand keine Zerstreuung auf diesem Eiland, keine Ablenkung. Man fand nur eins – sich selbst.

Should I stay or should I go now?

Seit ein paar Tagen war Freddie nicht mehr auf der Hallig. Er war beim Duschen ausgerutscht und gestürzt. Die Feuerwehr hatte die Straße abgesperrt, damit der Helikopter mit der Notärztin landen konnte. Oberschenkelhalsbruch. Freddie ging auf die neunzig zu, und es war fraglich, ob er wiederkommen würde.

Ich schaute auf die Stelle, wo der Hubschrauber gestanden hatte. In Westerstede wohnten wir ganz in der Nähe des Krankenhauses. Der Rettungshubschrauber, der dort täglich landete, rief bei uns kaum eine Reaktion hervor. Es war normal, die Patienten anonym. Doch hier kannte ich mittlerweile fast jeden Bewohner, und jedes Mal, wenn der Helikopter kam, machte sich Beklommenheit in mir breit. Plötzlich machte jeder Einsatz betroffen. Knochenbrüche, Herzrhythmusstörungen, undefinierbare Bauchschmerzen. Jedes Mal, wenn die Verletzungen und Beschwerden des Patienten schwerwiegender waren und die Fürsorge unseres Krankenpflegers nicht ausreichte, wurde der Notruf gewählt. Der Helikopter brauchte etwa so lang wie ein Rettungswagen auf dem Festland.

Neulich hatten Ella und ich einen abenteuerlichen Parcours in der Turnhalle aufgebaut. Viele Male war sie über die Hindernisse geklettert und gesprungen. Doch plötzlich rutschte sie ab und stürzte auf ihren Arm. Die Panik, mit dem Hubschrauber wegfliegen zu müssen, war größer als die Sorge um den Arm – bei uns beiden. Glücklicherweise hatte sie sich schnell erholt, und der Arm war in Ordnung.

Es gab keinen Arzt auf Hooge. Nur dienstags kam einer vom Festland und hielt eine Sprechstunde ab. Zumindest in der Saison. Krank wurde man also am besten nur dienstags oder am besten gar nicht. Ich strich mir über die Wange und erinnerte mich an die Zahnschmerzen, die mich vor ein paar Monaten geplagt hatten. Im Winter krank zu sein war nämlich noch problematischer als während der Saison, weil die Fähre dann nur nach dem Winterfahrplan fuhr. Das bedeutete, dass an einigen Tagen gar keine Verbindung bestand, und lediglich am Donnerstag war es möglich, die Hallig morgens zu verlassen und am Abend wieder nach Hause zu kommen. Ansonsten musste man auf dem Kontinent übernachten. Ein ganz normaler Zahnarztbesuch bedeutete über eine Stunde mit der Fähre übersetzen, mit dem Auto weiter zum Termin, danach die Gelegenheit nutzen und einkaufen, in einer Ferienwohnung übernachten und am nächsten Tag heimkehren. So ein zeitlicher Aufwand. Von den Kosten mal ganz abgesehen. Als der Zahnarzt gesagt hatte: »Da müssten wir in vier Wochen noch mal nachschauen«, war ich aufgeschreckt und hatte beteuert, dass es schon gut gehen würde. Der Zahn sei super, und ich könne mich ja melden, wenn es nicht so wäre. Mit meiner Zunge tastete ich den Backenzahn ab. Im Normalzustand war er okay, nur bei stärkerer Berührung zwickte es ein wenig. Aber damit konnte ich leben.

Ich holte mir ein Eis aus dem Gefrierschrank und setzte mich draußen auf die Terrasse. Es war ungewöhnlich heiß heute. Eine ganz leichte Brise wehte vom Meer herüber und kühlte meine gebräunte Haut. Ich saß inmitten eines Farbenmeers. Rings um mich blühten die prächtigen Stockrosen, das Blau des Himmels schwamm im Meer und in den Prielen, die Sonne ließ darauf Funken tanzen. Vor meinen Füßen stolzierte ein Austernfischer über den Rasen. Mit seinen langen roten Beinen und dem langen Schnabel galt er auch als Halligstorch. Sein schrilles *Kiwitt* erklang tagsüber ebenso wie des Nachts, und ich fragte mich, wann er wohl schlief.

In dem Moment kam Ella aus der Haustür. »Oh, ich hol mir auch ein Eis!«, rief sie und verschwand wieder. Dann setzte sie sich zu mir und seufzte wohlig.

»Ist das schön«, meinte sie. Ich lächelte und nickte. Ja, es war herrlich, hier leben zu dürfen. Gut, man sollte nicht alt oder krank sein. Doch ich war weder das eine noch das andere und genoss unser Halligabenteuer. Mit all seinen Höhen und Tiefen, seinen Schwierigkeiten und Herrlichkeiten war es gelungen. Doch jedes Abenteuer war endlich.

Ich sah Ella von der Seite an, wie sie genüsslich ihr Eis schleckte. Auf ihrer Nase hatten sich Sommersprossen breitgemacht. In ihren blauen Augen ließ die Sonne glitzernde Sprenkel leuchten.

»Jetzt kommst du schon in die vierte Klasse«, sagte ich zu ihr, und mein Stolz war nicht zu überhören.

»Ja, cool, ne? Ging ganz schön schnell«, meinte sie nachdenklich.

»Die vierte Klasse machen wir auch hier?«

»Auf jeden Fall. Die fünfte vielleicht auch noch.«

»Hm, schauen wir mal, wie das nächste Jahr wird.«

Ella würde älter werden. Sie würde langsam ein Teenager. Sie würde sich von mir abkapseln müssen, um sich zu finden. Wie sollte das möglich sein, wenn wir Tag für Tag rund um die Uhr zusammen waren? Die Lehrer-Schüler-Beziehung würde die Mutter-Tochter-Beziehung sicherlich belasten oder umgekehrt. Wie sollte sie hier ihre ersten Erfahrungen in der Liebe machen? Wie sollte sie sich hier mit Gleichaltrigen austauschen und ausprobieren? Noch genossen wir die Zweisamkeit und Freiheit, die uns das Eiland schenkte, doch wann kam der Punkt, an dem die Zweisamkeit von der Einsamkeit bezwungen würde? Würden wir es rechtzeitig merken?

»Ich geh noch ein bisschen schaukeln«, sagte Ella, sprang auf und legte ihren blank gelutschten Eisstiel auf den Tisch.

Mein Handy klingelte. Ich nahm den Anruf entgegen, und auf meinem Display erschien Lenes Gesicht, die in ihrem Strandkorb saß.

»Hallo, Süße, wie geht's dir?«

Ich ließ das Handy einmal über die Umgebung schweifen, wollte sie teilhaben lassen an meiner wunderbaren Welt.

»Ach, ist das schön«, seufzte sie und wurde still.

»Alles in Ordnung?«, fragte ich und sah sie besorgt an.

»Du fehlst mir so, Ela! Du bist so schrecklich weit weg!«

Wir telefonierten fast eine Stunde. Erzählten uns Geschichten von früher, flüchteten uns in gemeinsame Erinnerungen.

Nachdem ich aufgelegt hatte, ging ich aus meinem Garten und setzte mich oben auf die Warftkante. Das Gras duftete, und der sanfte Wind streichelte meine Wangen. Über mir kreiste eine Silbermöwe. Heimat. Ich war hier zu Hause. Doch gleichzeitig rief das vergangene Zuhause, die verlassene Heimat, nach mir.

»Ich glaube, es gibt die eine Heimat gar nicht«, dachte ich, »Heimat gibt dir ein Heim, gibt dir Geborgenheit, dort bist du zu Hause.« Waren Heimat und Zuhause am Ende vielleicht sogar dasselbe? Und plötzlich wurde mir klar, dass Heimat kein Ort war, auch keine Person. Heimat, das war ein Gefühl. Hier oben im Norden mitten in der Nordsee fühlte ich sie, war mit ihr verbunden. Und würde ich eines Tages weiterziehen, um ein neues Abenteuer meines Lebens zu beginnen, würde ich dies mitnehmen, würde die Nordsee zu den Rhododendronparks rund um Westerstede hinzufügen, und alle Menschen, denen ich begegnet war, würden ihren Platz darin finden, und einige würde ich mitnehmen in jede neue Heimat, die ich bewohnen würde.

Dank dir, liebe Hallig

Entflohen der Hektik, dem stressigen Treiben,
Dinge hinnehmen, gelassen bleiben
dank dir, liebe Hallig.

Natur überwältigt, tosende Wogen,
mitten ins Meer, in die Weite gezogen,
zu dir, liebe Hallig.

Vom Wetter gegerbt, allein die Gezeiten,
kraftvoll, stolz übern Sommerdeich schreiten,
auf dir, liebe Hallig.

Was wirklich wichtig, was zählt, begreifen,
Ballast nicht länger mit sich schleifen
dank dir, liebe Hallig.

Mein Halligabenteuer zählt, neben den Geburten meiner Töchter, ohne Frage zu den ganz besonderen Ereignissen meines Lebens. Die Wilde 13, die mir hier begegnete, unterscheidet sich von der, von der in diesem Buch erzählt wird. Jelko, Aukje und all die anderen Kinder und Erwachsenen werden Sie auf Hallig Hooge nicht finden. Doch all die Abenteuer, die ich hier mit den echten Schülerinnen und Schülern erleben durfte, beschenkten mich mit Ideen. Tatsächlich gab es gefärbte Haare und Piercings, Schüchternheit und Furchtlosigkeit, Familienbande und Familienfehden. All die Erlebnisse, die Erfahrungen, die Gespräche und Begegnungen, die mir die Hallig und ihre Bewohner bereiteten, habe ich vor mir ausgebreitet wie ein großes Kartendeck. Ich mischte nur ordentlich durch und ordnete neu.

Und so begleitete mich eine Familie Bruns für ein Weilchen, versuchte, ihr eigenes Halligabenteuer zu leben, das leider scheiterte. In Emma, der treuen Seele, die mir in diesem Buch im ersten Jahr zur Seite stand, spiegeln sich Eigenschaften gleich mehrerer Personen wider. Während ich mit ihr beim ein oder anderen Gläschen Wein über das Leben auf der Hallig philosophierte, raunten mir diverse Halligmenschen, die mir hier ans Herz gewachsen waren, Worte und Erinnerungen zu. Geertje, Trine, Freddie und all die anderen Figuren meines Buches existieren nicht wirklich auf der Hallig, aber es könnte sie hier geben. Man könnte ihnen hier begegnen, auf der Hanswarft beim Halligkaufmann, an der Schleuse beim Seglerhafen, am Landsende beim Biikefeuer, an der Westerwarft beim Baden oder auf der Ockelützwarft direkt vor meiner Haustür auf dem Spielplatz beim Schaukeln. Sie sind Figuren mitten im Meer, geprägt vom Wetter und von den Gezeiten.

Zwei Personen aber, die einen großen Raum im Buch einnehmen, sind authentisch, meine Erlebnisse mit ihnen durchlebt und gespürt.

Zum einen meine Tochter Ella, die mutig mit mir dieses Abenteuer gewagt hat, wofür ich ihr ewig dankbar sein werde, und zum anderen Lene, meine beste Freundin, der dieses Abenteuer vermutlich am meisten abverlangte. Ihr gilt mein Dank dafür, dass sie diese Zeit ausgehalten hat.

Auch danke ich meinen großen Töchtern. Ihre Namen bleiben hier verborgen, und doch waren sie immer dabei, immer in meinen Gedanken. Sie unterstützten meinen Weg, auch wenn es ihnen schwerfiel, da mit meinem Wegzug unser Heimathafen verwaist zurückblieb. Früh mussten sie ihre Flügel ausbreiten und ihren Weg allein gehen. Dass sie es geschafft haben, macht mich unendlich stolz.

Außerdem danke ich aus tiefstem Herzen dem Vater unserer Kinder, dem Papa, der sich unserer Entscheidung nicht in den Weg stellte. Auch wenn er manchmal den Kopf schüttelte über unsere Auswanderung, so nahm er es mit Gelassenheit und Humor.

Und schließlich fand ich großen Beistand bei meiner Mutter und meinen Schwestern, die mir Kraft und Selbstvertrauen gaben. »Ela-Maus, die macht das einfach, die lebt ihren Traum«, sagte meine Schwester und strahlte mich an. Ich hatte Rückenwind, konnte mein Vorhaben auf Lob, Stolz und Zutrauen stützen.

Und so trauten wir uns und verließen die alte Heimat, um eine neue zu finden.

Zuvor gab es noch eine gebührende Verabschiedung. Ein Wochenende, zwei Tage, an denen im Westersteder Haus Tage der offenen Tür waren. Vom Frühstück bis in die späten Abendstunden besuchten uns Menschen, die Teil meines Lebens waren. Man klönte, lachte und weinte. »Die wissen gar nicht, was für ein Glück die da haben«, schluchzte die Mutter einer Schülerin, als wir uns verabschiedeten. Zwei Tage lang war mein Herz erwärmt, angefüllt mit so vielen lieben Wünschen. Unser Gepäck gefüllt mit vielen Portionen Glück und Liebe. Ein guter Start in ein neues Leben.

Ich fühle mich gesegnet und beschenkt, und wenn ich auf Hooge am Deich stehe, den Wind im Haar, das Meer im Blick, kann ich kaum fassen, was für ein Glückskind ich bin.

Auch hier, mitten im Meer, im rauen Klima, leben Menschen, denen das Herz auf der Zunge liegt. Von Wind und Wellen geprägt und nordisch klar begegneten wir uns. Sie wurden Teil meines Weges, hielten Einzug in mein Herz und wurden zu Freunden.

Das Leben ist ein Abenteuer. Die Ereignisse sind Geschenke. Und egal welches Ereignis mir begegnet, welche Kugel mir zugespielt wird, es zählt der Augenblick, in dem es in mein Leben tritt. Es liegt dann an mir zuzugreifen. Und manchmal erfordert es ein bisschen Mut, den entscheidenden Schritt zu gehen.

Für Held*innen mit Herz und Haltung

Katja Just

Barfuß auf dem Sommerdeich
Mein Halligleben zwischen Ebbe und Flut

Ein wunderbares Buch über das Leben auf Hallig Hooge.

Markus Lanz

Katja Just

Frische Brise auf dem Sommerdeich
Neues von der Hallig

Willkommen im bunten Alltag der Bürgermeisterin von Hallig Hooge!

Bild.de

Melde dich jetzt bei unserem EDENtorial-Newsletter an: Wir versorgen dich monatlich mit interessanten Themen und verlosen unsere frisch gedruckten EDEN BOOKS. Komm gern dazu!

Sylvia B. Lindström

Ein Meer aus Licht und Farben
Mein Neubeginn in Südschweden

Mitreißend und inspirierend.

Lea

Kerin Schmidt

Inselluft mit Honigduft
Mein Leben auf Sylt im Wechsel der Gezeiten

Eine ganz persönliche Geschichte und vor allem eine Liebeserklärung an ihre Insel.

NDR Das!

Eden Books
Ein Verlag der Edel Verlagsgruppe

www.edenbooks.de
1. Auflage 2022

Einige der Personen im Text sind aus Gründen des Persönlichkeitsschutzes anonymisiert.

Lektorat: Susanne Röltgen
Korrektorat: Rotkel. Die Textwerkstatt
Layout und Satz: Datagrafix GSP GmbH, Berlin | www.datagrafix.com
Druck und Bindung: GGP Media GmbH, Pößneck
ISBN 978-3-95910-340-4

Printed in Germany

Eden Books unterstützt bei der Produktion dieses Buches das Projekt »Junge Riesen für die nächsten 100 Jahre«. Damit wird ein Anteil der unvermeidbaren CO_2-Emissionen im direkten Umfeld des Produktionsstandortes kompensiert.

FSC
www.fsc.org
MIX
Papier aus verantwortungsvollen Quellen
FSC® C014496